# AI 시대,
## 아이의 미래를 위한
# 영어교과서

AI 시대,
아이의 미래를 위한
영어교과서

초판 1쇄 발행    2021년 3월 18일

지은이       쇼토 히데카즈
옮긴이       김경인
출판기획     마인더브
등록         2018년 3월 27일 (제307-2018-15호)
펴낸곳       경원북스
주소         서울시 광진구 아차산로 375(B1, 105호)
전화         02-2285-3999
팩스         02-6442-0645
인쇄         두경M&P
이메일       kyoungwonbooks@gmail.com


ISBN 979-11-89953-18-8 (03370)
정가  13,000원

잘못된 책은 본사나 구입하신 서점에서 교환해 드립니다.

# AI 시대,
## 아이의 미래를 위한
# 영어교과서

Change The Future Of Children

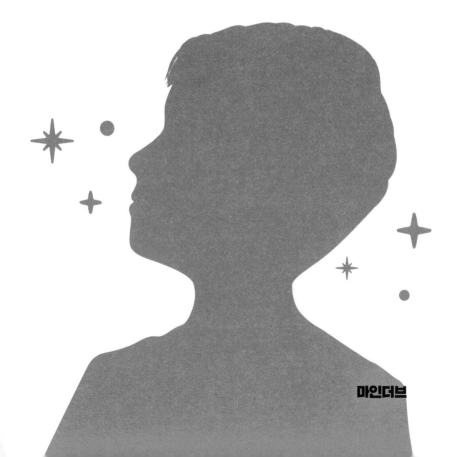

마인더브

# AI 시대, 영어교육은 달라져야 한다

## 세계 Top 10 안에 든 수업

—

아랍에미리트연방 두바이의 인공섬 팜 주메이라에 지어진 최고급 호텔 아틀란티스 더 팜. 호텔 스위트룸으로 안내받은 나를 두 명의 건장한 경호원이 행사장까지 에스코트했다. 마치 영화 속 한 장면에 들어가 있는 듯했다. 2019년 3월 영국의 국제 교육기관인 Varkey재단이 설립한 「Global Teacher Prize(이하, GTP)」 시상식에 초대받았다. GTP는 '교육계의 노벨상'이라고 불릴 정도로 권위 있는 상이다. 2019년에는 세계 150개국에서

대략 3만 명에 이르는 교육자가 등록했는데, TOP 10에 일본 초등학교 교사로는 처음으로 내 이름이 오르게 된 것이다.

두바이에 가서 GTP의 명성을 직접 목격하고 얼마나 놀랐는지 모른다. 그날 밤에 개최된 시상식은 아카데미상 시상식이 연상될 만큼 화려했다. 시상식 수여자는 〈X맨〉의 울버린으로 유명한 배우 휴 잭맨이었다. 잘 차려입은 1만여 명의 사람이 객석에 가득했고 아랍에미리트 왕족도 참석해 있었다.


내 이름은 쇼토 히데카즈. 교토 리츠메이칸 초등학교의 영어과 교사이다. 6학년 학급의 담임을 맡고 있고, 전교 6학년생 120명에게 영어를 가르치고 있다. 거기에 'ICT 교육부장'이라는 직함 하나를 더 가지고 있다. ICT는 'Information and Communication Technology'의 약자로 정보통신기술을 말한다. 얼마 전까지는 IT(Information Technology)라고 불렀다. ICT 교육이란 인터넷으로 연결된 컴퓨터와 태블릿을 교사와 학생이 활용하는 교육을 의미한다. 교육을 뜻하는 'Education'과 기술을 뜻하는 'Technology'를 결합해 'EdTech(에드테크)'라고도 한다.

ICT 교육의 한 예를 들어보자. 내가 근무하는 초등학교에서는 2006년 개교 당시부터 모든 교실에 전자 교탁과 전자 화이트보드를 설치했고, 초등학교 3학년 이상부터는 1인 1대의

PC(컴퓨터도 되고 태블릿도 되는 2 in 1 타입)로 수업을 진행하고 있다.

내가 향후 초등학교 교육에서 무엇보다 중요하다고 생각하는 것은, '커리큘럼 관리' '프로그래밍 교육' '영어교육' 세 가지이다. '커리큘럼 관리'란 영어, 국어, 수학, 과학, 사회 등 교과의 벽을 허문 횡단적인 수업 조합을 의미한다. 글로벌 인재 양성을 위해서는 '커리큘럼 관리' '프로그래밍 교육' '영어교육'을 일체화하는 것이 이상적이다.

그래서 나는 마이크로소프트사의 '마인크래프트'라는 게임 소프트를 활용하고 있다. 통칭 '마크'라고 불리는 이 게임은 레고처럼 블록을 쌓아 올려 건물을 짓기도 하고 동굴을 탐험하며 몬스터와 싸우기도 하는, 정해진 목표가 없는 자율성 높은 게임이다. 초등학생을 중심으로 세계 각국에서 최고의 인기를 누리고 있다. 내가 근무하고 있는 초등학교에서는 2017년부터 이 게임을 영어 교재로 이용하고 있다.

'영어를 배우는 것'보다 '영어로 무엇을 배울 것인가'가 중요하다는 게 내 교육 신념이다. 이는 교과의 횡단적 커리큘럼 관리와도 연관성이 있다. 그래서 나는 마크를 활용한 수업을 온전히 영어로만 진행한다(나는 영어만 사용해도 아이들은 일본어로 이야기한다). GTP는 바로 이런 내 수업 방식을 높게 평가했다.

마크 활용 수업 전에 아이들로부터 "외국인을 위해 교토를 안내할 수 있는 무언가를 만들고 싶어요!"라는 의견이 나왔다. 그때부터 아이들과 논의를 거듭하여 마크로 교토의 관광명소를 재현하겠다는 목표를 세웠다.

첫해인 2017년에는 반년 동안 매월 몇 차례 수업을 진행했는데, 네다섯 명으로 구성된 그룹이 각각 세계유산에 등재된 뵤도인(平等院)의 봉황당과 기요미즈데라(清水寺)를 마크로 제작했다. "그냥 건물만 만드는 건 재미없으니까 안내 로봇을 만들어서 외국인을 안내하게 하면 어떨까요?"라는 아이들의 아이디어를 살려서 게임 내 프로그래밍 환경에서 관광가이드처럼 건물을 안내하는 캐릭터도 새로 만들었다. 이듬해인 2018년에도 마찬가지 방법으로 수업을 진행하였고, 미국 시애틀에 있는 초등학교와 교류했다. 우리 아이들이 화상 통화로 작품에 대해 영어로 프레젠테이션을 했고, 미국 아이들이 영상으로 감상을 보내오기도 하였다.

이 수업은 PBL(Problem Based Learning)이라는 방법론에 기초하였다. 직역하면 '문제 해결형 학습'이다. AI 시대에 반드시 필요한 문제 해결을 위한 자주적이고 협동적인 능력을 균형 있게 단련할 수 있도록 구성된 학습이다. 네다섯 명의 멤버들은 각자 디자인, 프로그래밍, 영어, 스케줄링 등의 책임을 맡아 자주적으로 활동하기 때문에 주체성, 리더십, 팀워크 능력이 향상된다. ICT 교육에서는 아이들이 능력과 지혜를 함께 모아 한 가지 과제를 해결하는 형식의 수업이 순조롭게 진행된다. 마크를 활용한 수업은 그 전형적인 예다.

아이들은 같은 그룹 안에서 자신들의 지식과 궁금증을 서로 공유하고, 과제해결을 위한 논의, 협동, 합의하게 된다. 순서를 정해 일을 추진하고, 다른 멤버들이 이해하기 쉽게 설명하는 경험을 반복하는 동안 저절로 논리적 사고력도 발달한다.

게임에 지나치게 몰두한 아이는 주변 친구들과 말도 하지 않을 것이라며 눈살을 찌푸리는 어른도 많을 텐데, 마크를 활용한 수업을 하다 보면 오히려 아이들끼리 활발히 대화하여 교실 전체가 활기를 띠게 된다.


## 세계의 표준교육이란?

—

2019년도 GTP의 우승자는 케냐의 선생님 피터 타비치가 선정되었고 상금 100만 달러가 수여됐다. 참고로 우승자 이외에는 상금이 없다. 피터 선생님은 벽도 천장도 제대로 갖춰지지 않은 케냐의 학교에서 수학과 물리를 가르치고 있다. 또한 자신의 급료 중 80%를 학교와 지역을 위해 기부하고, 그 자금을 토대로 방과 후 동아리 활동으로 이과를 가르친다. 동아리 활동의 대상자는 지역의 여자아이들이다. 저마다 다른 사정으로 학교에 다닐 수 없는 여자아이들이 케냐에는 많다고 한다. 그런 여자아이들에게 그는 무상으로 이과 수업을 해주고 있다. 그 아이들은 국내외의 다양한 과학경연대회에 출전해 성과를 발휘하고 있다. 그중 한 아이는 미국에서 개최되는 세계 최대의 학생과학 경연대회인 '인텔 국제학생과학 기술페어'에 출전했다고 한다. 그야말로 GTP 우승자에 걸맞은 훌륭한 선생님이라는 감명을 받았다.

우승자를 발표하기 전, 후보에 오른 10명이 30분간의 모의 수업을 실시하였다. 그 순간을 직접 체험한 나의 솔직한 감상은 "일본의 교육은 그 어느 나라에도 뒤지지 않는다"는 것이었다. 아이들의 의견을 끌어내는 질문력, 학급의 통솔력과 관리력 등은 세계 톱클래스에 버금가는 수준이다. 그러한 일본이 안타깝게도 다른 나라에 압도적으로 뒤처져 있는 분야가 있다. 바로 ICT 교육 분야다.

케냐의 피터 선생님은 수업 시간에 보통 스마트폰을 활용한다. 시골 아이들이라도 집은 누추할지언정 스마트폰은 가지고 있기 때문이다. 피터 선생님이 TOP 10에 이름을 올렸을 때, 마치 자기 일인 양 기뻐하며 축복해준 아이들은 스마트폰으로 선생님의 사진을 찍느라 바빴다고 한다. 한창 수상식이 진행되던 중에도 후보에 오른 다른 선생님들로부터 "일본에서는 스마트폰을 어떤 식으로 교육에 활용하고 있나요?"라는 질문을 받았다. 하지만 나는 고개를 가로저으며 입을 다물 수밖에 없었다.

전 세계에 ICT 교육이 일반화되었고 개개인의 스마트폰이나 태블릿 등을 수업에 활용하는 BYOD(Bring Your Own Device)가 당연시 되어 있다. 세계인구 75억 명, 유통되고 있는 스마트폰은 대략 50억 대다. 요컨대 집보다 스마트폰이 더 많은 세상이다. 하지만 일본에서는 'BYOD? 그게 뭔데?'라고 되묻는 사람이 많지 않을까?

내가 GTP의 TOP 10에 이름을 올릴 수 있었던 것은, ICT 교육의 후진국인 일본에서 ICT 교육을 실천하고 있다는 점 때문이라고 생각한다. 만일 ICT 교육 선진국에서 똑같은 시도를 했다면 과연 TOP 10에 오를 수 있었을까? 솔직히 자신할 수 없다.

## 콜라의 맛

—

내가 근무하고 있는 학교는 마이크로소프트사의 'Microsoft Showcase Schools' 인정학교이고, 나는 마이크로소프트 인정 교육의 이노베이터로도 활동하고 있다(이 책에서는 마이크로소프트사라는 이름 이 여러 차례 거론되지만, 나는 결코 그곳의 영업직원도 뭣도 아니다. 다만 편리하니까 이용하고 있을 뿐이다).

그 활동을 통해 알게 된 시가현의 고등학교에 근무하는 호리오 미오 선생님이 GTP의 존재를 알려주었고 응모해보라고 추천 도 해주었다. 호리오 선생님은 2018년에 GTP TOP 50에 선발 되었다.

호리오 선생님이 내게 처음 응모를 권했을 때는 '설마 내 가…' 하는 생각에 주춤했다. 하지만 바로 마음을 고쳐먹고 도 전해보기로 했다. 내가 담임을 맡고 있는 6학년 교실 뒤에는 '콜라의 맛'이라고 적힌 종이가 붙어 있다. 6학년에 새로 올라 온 아이들이 교실에 들어서면 나는 아이들에게 "콜라의 맛이 어떤지 설명해볼래?"라고 질문을 던진다. 아이들이 낑낑대며 내놓는 설명은 말도 안 되고 엉뚱하다. 어른 중에도 콜라의 맛 을 정확하게 표현할 수 있는 사람은 거의 없을 것이다. 아이들은 "그럼 선생님은 설명할 수 있어요?"라고 되받아친다. 그럴 때 나 는 당당하게 대답한다. "할 수 있지! 다 같이 마셔보는 거야."

세상에는 경험해보지 않고는 알 수 없는 일이 아주 많다. 해보면 알 것을 해보지도 않은 상태에서 머릿속으로 이것도 아니고 저것도 아니라고 기를 써봐야 시간만 낭비될 뿐이다. '고민하기 전에 실천해보자'가 나의 좌우명이다. 일단 실천해본 후에 생각을 하든 고민을 하든 해도 늦지 않다.

아이들에게는 언제나 '새로운 것에 도전하라'고 말해온 내가, GTP에의 응모라는 작은 도전을 주저한다면 아이들을 볼 낯이 없다는 생각에 마음을 바꿔먹었다. GTP에 응모한다는 사실을 아이들에게 사전에 공언할 생각은 없었지만, 역시 생각은 행동에 나타나게 마련이다. 나 자신이 도전을 두려워하면 감수성이 풍부한 아이들에게 들키는 건 시간 문제였을 것이다.

응모하기로 결심하고 GTP에 대해 알아보니, '교육계의 노벨상'이라는 표현이 전혀 손색이 없을 정도로 세계적인 상이었다. 게다가 거기에 후보로 오르는 것은 보통 일이 아니라는 사실을 알게 되었다. 그래서 나는 로드맵을 만들었다. 10년에 걸쳐 TOP 50에 들기 위해 1년 단위로 면밀한 계획을 세웠다.

그런데 막상 응모하고 보니 생각지도 않게 첫해에 덜컥 TOP 50에 들었다. 그중에서 TOP 10을 선정하기 위해 본국인 영국에서 세 명의 담당 직원이 교토로 직접 날아왔다. 그리고 내가 어떻게 수업하는지, 아이들 한 명 한 명을 어떻게 대하는지, 아이들의 마음을 잘 이해하고 있는지 등등을 사흘에 걸쳐 밀착 수사⁽¹⁾를 벌였다. 그 결과 놀랍게도 TOP 10에 선정되었다. 정말 생각지도 못했던 행운이었다고밖에 달리 표현할 길이 없다. 나를 지금까지 지도해준 모든 선생님들과 아이들 덕분이다. 이 자리를 빌려 다시 한 번 감사의 마음을 전하고 싶다.

TOP 10에 한 번 이름이 오르게 되면 두 번 다시 응모할 수 없게 된다. 나는 향후 10년간의 목표를 재설정하였다. 리츠메이칸 초등학교에서의 시도가 일본의 ICT 교육 도입의 모델이 되도록 하는 것, 일본 전역의 ICT 교육의 질을 높이는 것으로 말이다.

GTP 수상식에 참석하면서 세계 어디서나 교육자는 존경받는 존재이며, 우수한 교사는 영웅으로서 동경의 대상이라는 사실을 새삼 깨달았다. 세상이 요구하는 교사는 교육의 개혁을 담당할 '게임 체인저' '체인지 메이커'라는 생각도 들었다. 나 자신이 체인지 메이커가 되어 아이들에게 작은 깨달음과 변화를 주는 교사가 되고 싶다. 내 제자들이 언젠가 세계를 변화시키는 도전을 해주리라 믿는다.

이 책은 GTP를 수상한 ICT 교육을 토대로 내 전공인 영어학습을 핵심으로 하고 있다. 그리고 글로벌 사회, AI 시대를 살아

갈 아이들에게 꼭 필요한 교육과 자녀교육에 대한 내 나름의
생각과 실천법을 정리한 것이다. 아이들과 하루하루 마주하며
고민하는 부모들에게 어떤 형태로든 도움이 된다면 저자로서
더 할 수 없는 기쁨이라 생각한다.


쇼토 히데카즈

# 차례

*Change The Future Of Children*

## CHAPTER 2    달달 외우는 영어 공부는 NO! NEW 영어 공부법

## CHAPTER 3  I CAN DO IT! 집에서 혼자 하는 영어 공부법

*Change The Future Of Children*

## CHAPTER 4    백점받는 아이보다 새로운 선택지를 창조하는 아이로

AI 시대,
아이의 미래를 위한
영어교과서
Change The Future Of Children

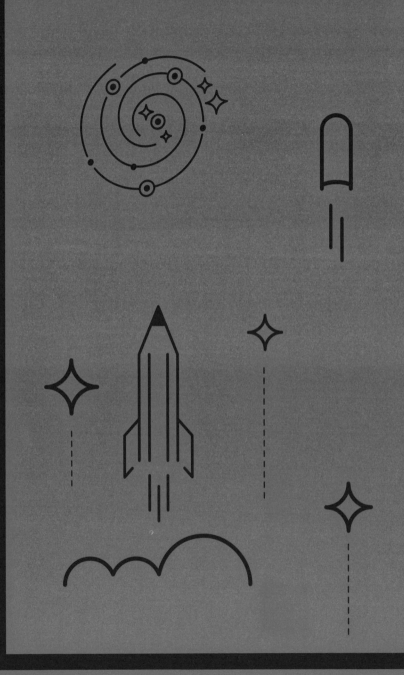

# CHAPTER 1

# AI 번역기도 있는데 영어 공부를 꼭 해야 할까?

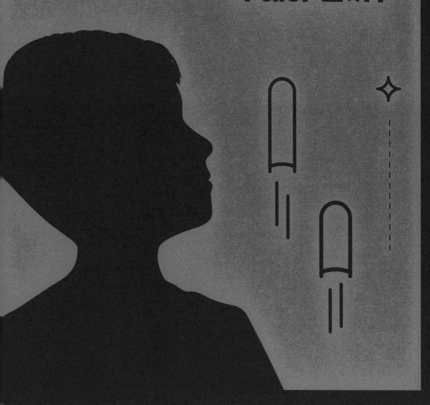

## 자동 번역 vs
## 영어 학습

—

6학년 교실에서 아이들에게 "영어가 중요하다고 생각하는 사람, 손들어!"라고 물으면 모두가 일제히 손을 든다. 부모를 포함해 주변 어른들이 입을 모아 "영어는 중요하다"고 말하기 때문이다. 하지만 테크놀로지는 확실히 언어의 장벽을 무너뜨리고 있다. 아니, 부분적으로 이미 벽이 무너져버렸다.

2019년, 나는 유네스코의 의뢰를 받아 태국에서 강연을 한 적이 있다. 그때 체류 중에 쓰려고 포켓 와이파이를 간사이국

제공항에서 빌렸는데, 음성 번역기까지 무료로 빌려주는 게 아닌가. 태국어를 한마디도 못하는 나는 태국에 도착하자마자 그 번역기를 사용해보았다. 일상회화 수준의 대화는 충분히 소통이 가능했다. 태국어뿐만 아니라 영어권에서도 음성 번역기로 문제없이 소통할 수 있다.

최첨단 영역에서는 본인과 똑 닮은 3차원 영상인 홀로그램이 본인과 똑 닮은 목소리로 외국어 텍스트를 모국어로 번역해 읽는 '뉴럴TTS(Text to Speech)'라는 기술도 등장했다. 물론 모국어를 영어로 전환해 읽는 기능도 가능하다. 스마트폰이나 스마트 스피커에 탑재된 AI 어시스턴트의 진화판이다.

가령 내가 영어를 몰라도 나의 분신이 대신 영어로 말해준다면, 인적 네트워크도 정보도 얼마든지 폭을 넓힐 수 있다. 2020년에 초등학교 1학년인 아이가 스무 살이 되는 2033년쯤이면 보다 더 획기적인 기술이 언어의 벽을 완전히 없애지 않을까.

영어를 전혀 배우지 않아도, 자동 번역 기술만 잘 활용하면 학습에서도 일에서도 전혀 어려움이 없는 시대가 올지도 모른다. 영어학습에 투자할 시간이 있다면 그 시간에 차라리, 가령 프로그래밍 같은 기술을 배우는 편이 장래에 더 도움이 될 거라고 생각하는 사람이 있더라도 무리는 아니다.

그럼에도 나는 "영어가 앞으로도 필요할까요?"라고 누가 묻는다면 "필요합니다"라고 단언하겠다. 또 제한된 시간의 투자 처로 영어학습은 유효하다고 생각한다. 교육계의 끊임없는 패러다임 변동에 영어학습으로 대응할 수 있기 때문이다.


## AI 시대, 진짜 필요한 것은
## '문제 발견 능력'

—

앞으로 교육계를 덮치게 될 커다란 패러다임 변동은 바로 '지식' 중시에서 '경험' 중시로의 변동이다. 그 배경에도 역시 테크놀로지의 크나큰 진보가 있다.

스마트폰 등의 이동통신기술을 예로 들어보자. 현재 사용되고 있는 대부분의 스마트폰은 '4G'에 대응하고 있다. 그다음을 잇는 '5G(제5세대 이동통신시스템)'는 다른 선진국들에서 실용화되었고 일본에서도 차츰 실용화되고 있다. 5G 이전과 이후는 근본적인 차이가 있다.

이동통신기술은 1G에서 출발했다. 휴대전화에 의한 음성통화가 등장한 것이다. 1G는 '집에 없으면 전화를 받을 수 없다. 외출했을 때 전화를 하려면 공중전화를 찾아야 한다'는 불편을 해결했다. 그다음 2G의 등장으로 휴대전화를 이용해 문자를 주고받을 수 있게 되었다. 이것은 '전화라고 해서 언제 어디서든 정확하게 커뮤니케이션을 할 수 있는 건 아니다'라는 불만을 해소했다. 3G부터는 휴대전화로 인터넷에 접속할 수 있게 되었다. 이것은 '1 대 1의 커뮤니케이션에는 한계가 있다. 세계적 규모로 연결할 수는 없는가?'라는 요구를 충족했다. 그리고 4G에서는 동영상을 주고받을 수 있게 되었다. 이는 '파일이나 사진만으로는 이해하기 어렵다. 동영상이라면 이해하기 쉬울 텐데'라는 아쉬움을 해소했다.

4G까지는 어떤 불만이나 문제점을 해결하기 위해 기술이 진화해왔다. 하지만 5G는 전혀 다르다. 현재 다수의 사람은 4G 스마트폰으로도 충분히 만족할 것이다. '좀 빨라지면 좋겠다' '재미있는 게임 어플을 깔고 싶다' 등의 작은 바람은 있겠지만, 그런 것쯤은 굳이 5G로 바꾸지 않더라도 해결할 수 있다. 즉 5G는 인간이 지금까지 가지고 있던 불만이나 문제점을 기술 진보가 능가해버린 상황에서 새롭게 등장한 테크놀로지인 것이다.

| |
|---|
| 1G (음성통신) |
| 2G (메시지) |
| 3G (인터넷) |
| 4G (동영상) |
| 5G (?) |

21세기 들어 중요시되기 시작한 것은 '문제 해결형 학습(PBL)'이다. 하지만 나는 5G & AI 시대 이후에는 한 발짝 더 발전된 학습이 요구되리

라고 생각한다. 바로 '문제 발견형 학습'이다. 이동통신에서뿐만 아니라 테크놀로지로 인간의 불만과 문제점의 기술적인 해결이 가능해지고 있는 시대다. 문제 해결을 위한 테크놀로지는 충분히 진화하였고, 이미 인간의 불만은 찾아보기 힘들다. 그래서 5G & AI의 능력을 활용하기 위해 요구되는 것은 '새로운 문제와 과제를 발견하는 능력'이라 할 수 있다. 왜냐하면 AI는 문제를 해결할 수는 있어도 발견하지는 못하기 때문이다. 문제 해결을 AI에 맡기게 된 시대에는 '문제를 발견할 수 있는 사람'을 양성하는 교육이 필요하다.

## 교육은 '지식' 중시에서 '경험' 중시로

—

문제 발견형 학습의 방법 중에는 'Learning by Doing<sup>(행동하면서 배움)</sup>'이나 'Learning by Making<sup>(만들면서 배움)</sup>'이라는 사고방식이 있다. 내가 실시하고 있는 마인크래프트를 활용한 수업은 PBL인 동시에 '행동하면서 배움' '만들면서 배움' 교육이기도 하다. 그야말로 '지식'에서 '경험'으로 전환된 수업이다.

'지식' 중시에서 '경험' 중시로 변동하는 이유는 무엇일까.

기술 발달로 인해 지식으로 측정하는 학력으로는 이제 큰 차이를 낼 수 없게 되었기 때문이다. 검색만 하면 당장 정답을 알 수 있는 시대에, 주입식 지식만으로 학력을 측정하는 것은 모순이다. 누구나 전자계산기가 내장된 스마트폰을 들고 다니는 시대에, 계산능력만 키운다고 해서 될 일이 아닌 것과 마찬가지다. 중요한 것은 지식으로 평가하는 학력보다 경험을 생산해내는 행동력이다.

지식은 과거의 정보다. 그것만으로는 새로운 문제의 발견으로 이어지지 않는다. 행동함으로써 미지의 체험을 하고, 거기에 자신이 축적해온 지식의 조각들을 조합하고 편집하면 비로소 새로운 경험이 탄생한다. 즉 '경험=체험×지식'이다.

비유하자면, 생선회를 먹는 똑같은 체험을 하더라도, 활어나 고추냉이에 대한 지식이 전혀 없는 아프리카 아이들과 수시로 생선회를 먹어서 활어나 고추냉이에 대한 지식이 풍부한 일본 아이들과는 얻을 수 있는 경험이 전혀 다르다.

2019년도 GTP의 TOP 10 선생님들의 수업을 돌이켜보면, 아이들에게 행동과 경험을 통해 성장을 촉구하는 학습을 실천하는 선생님들뿐이었다. 나 자신도 그렇고 우승자인 피터 선생님도 그렇다. 전형적인 선생님을 한 분 더 소개하면, 브라질의 데보라 선생님이다. 데보라 선생님은 리우데자네이루의 공립

고등학교 선생님이다. 리우데자네이루에서는 빈곤과 인구집중으로 길거리 아이들의 증가와 쓰레기 문제가 아주 긴급한 과제로 떠올랐다. 그런 상황에서 데보라 선생님은 길거리 아이들에게 쓰레기를 모아오게 하여 로봇을 만드는 수업을 시작했다. 아이들은 로봇을 좋아한다. 선생님의 지도를 받으며 모아온 쓰레기로 새로운 로봇을 만드는 수업에 푹 빠져들었다. 그러다 보니 그때까지 그저 그런 쓰레기로만 보고 무시했던 것들이 로봇의 부품으로 보여서 아이들은 쓰레기를 주우면서 등교하게 되었다고 한다. 쓰레기 줍기라는 체험과 로봇 만들기라는 지식이 조화를 이룬 것이다. 아이들의 행동력을 높이고 새로운 경험을 창조해내는 수업의 대표적인 일례다.

## 행동력을
## 키우는 영어

—

문제 발견형 학습이 중시되는 패러다임 변동이 일어났을 때 영어가 필요한 이유는 무엇일까. 영어가 경험으로 이어지는 행동력에 불을 붙여 추진력을 높여주기 때문이다. 경험과 그 토대가 되는 체험은 스스로 적극적으로 행동할 때 비로소 얻을 수 있다. 머리로 생각할 게 아니라 먼저 행동에 옮겨야 한다. 문제를 발견하는 능력은 행동하고 시행착오를 거듭하는 프로세스를 통해 발굴된다.

영어를 배우면 행동력이 높아진다. 근거는 다음과 같다.

첫째, 영어라는 새로운 기술을 익히면 자신감이 생긴다. 자신감이 생기면 실패를 두려워하지 않고 행동하게 되고, 그만큼 경험치도 올라간다. 지식만이 중시되던 시대에는 실패가 부정적이었지만, 행동이 요구되는 시대에 실패는 긍정적이다. 사람은 성공에서뿐만 아니라 실패에서 많은 배움과 경험을 얻을 수 있기 때문이다.

둘째, 물에 뜨는 법을 배우면 수영장에 가고 싶어지는 것처럼 영어를 배우면 써보고 싶어진다. 그것이 외국인과 이야기 나누고 외국에 나가는 등의 행동력을 높이는 계기가 된다. 천신만고 끝에 영어로 말할 수 있게 되더라도 '나는 영어를 못해'라는 열등의식에 여전히 얽매여 있다면 새로운 행동을 일으키기 어렵다.

실제로 내가 가르치는 아이들도 영어 능력이 높아질수록 적극적으로 행동이 바뀌었다. 스카이프로 미국에 있는 초등학생들과 영어로 대화하는 수업에서, 새 학기가 시작된 첫 달에는 서로 먼저 하라고 미루며 내빼기 바쁘던 아이들이, 점차 영어로 말할 수 있게 되면서는 "다음엔 나야, 나!"라며 서로 먼저 하겠다고 앞장서게 되었다.

셋째, 모국어로 말할 때와 영어로 말할 때 성격이 달라지는 아이도 있다. 모국어로 말할 때는 좀처럼 의견을 말하지 못하던 소극적인 아이가, 스카이프로 미국의 학생들과 토론하면 완전히 딴 사람이 된 것처럼 적극적으로 의견을 말한다. 마치 영어가 자기 해방의 스위치를 켜주기라도 한 것처럼 말이다. 나도 영어로 말할 때는 평소보다 훨씬 유머러스해지고 자연스럽게 웃는 횟수가 많아지는 것 같다.

넷째, 영어를 배움으로써 '만나는 사람'과 그 만남으로 접하는 정보가 달라진다. 미지의 체험이 경험으로 이어진다고 하지만, 새로운 체험을 한다는 것은 결코 쉬운 일이 아니다. 다만 신속하게 새로운 체험을 얻는 방법이 있다. 바로 만나는 사람을 바꾸는 것이다.

나와 똑 닮은 목소리의 번역기 같은 분신을 통해 대화할 수 있는 시대가 되더라도, 의사소통을 위해 사람과 사람이 직접 이야기하는 실제 커뮤니케이션의 가치는 영영 사라지지 않을 것이다. 만나는 사람이 달라지면 필연적으로 만나는 언어가 달라진다. 그것이 새로운 체험이 된다. 영어를 말할 수 있게 되면 새로운 만남이 생기고, 새로운 언어와 만나게 된다. 그러면 다양한 각도에서 지식을 얻을 수 있고 시야가 넓어진다. 시야가 넓어지고 조망하며 사물을 이해할 수 있게 되면 당연히 행동력은 향상되기 마련이다. 앞길이 불투명한 순간에는 주저하게 되고 한 걸음도 떼기 어렵다. 하지만 시야가 넓어지고 조망할 수 있게 되면, 앞으로 걸어갈 길이 어떻게 펼쳐져 있는지 훤히 내다볼 수 있으므로 안심하고 행동할 수 있게 된다.

앞으로의 교육에서 중요한 것은 '무엇을 가르칠 것인가'가 아니라 '무엇을 경험하게 할 것인가'다. 영어는 지식이자 기술인 동시에 행동력과 문제 발견 능력을 향상해주는 중요한 도구다. 그러므로 나는 아이의 성장을 위해서 어릴 때부터 영어를 가르칠 필요가 있다고 믿는다.

### '알고 있다'와 '할 수 있다'는 다르다
### 필요한 것은 '실패할 용기'
—

지식 중시형 교육에서는 입력한 지식을 어떻게 틀리지 않고 올바르게 출력할 수 있느냐가 중요하고 시험점수로 평가받는다. 반면, 행동하면 반드시 실수하거나 실패한다. 그러나 행동력 시대에는 실수와 실패를 두려워해서는 안 된다. 내가 아이들에게 곧잘 하는 이야기는 '알고 있다'와 '할 수 있다'의 차이다.

알아도 할 수 없는 것은 많다.

영어학습을 예로 들어보자. 나는 중학교에서 영어를 가르친 적이 있다. 중학교 3학년 영어에서는 현재완료형을 배운다. '과거형인가 현재완료형인가?'를 구별하기가 쉽지 않은데, 기본적으로 문법구조는 그렇게 복잡하지 않기 때문에 비교적 자신 있어하는 아이가 많다. 하지만 즉흥적으로 답해야 하는 말하기 테스트나 읽기 테스트를 실시하면, 현재완료형을 이용해 자기표현을 하는 아이들은 거의 없다. 고등학생이 되면 비로소 사용률이 조금씩 높아지긴 하지만, 나의 경우 현재완료형을 실제로 사용하게 된 것은 대학생이 된 이후부터였다. 이것도 '알고 있다'와 '할 수 있다'가 별개라는 사실을 보여주는 좋은 예다. 법칙을 이해하는 것과 실제로 사용할 줄 아는 것은 별개의 문제다.

시험에서 높은 점수를 받는 아이는 영어를 잘 이해하고 있을지 모른다. 그런데도 영어를 실제로 사용하지 못하는 것은 '알고 있다'를 '할 수 있다'로 승화시키지 못하기 때문이다. 지금까지의 지식 중시형 교육에서는 그것으로도 충분했을지 모른다. 하지만 앞으로의 행동력 중시 시대에는 '알고 있다'에서 끝나지 않고 그것을 '할 수 있다'로 승화시키는 교육이 필요하다. 입력한 지식을 틀리지 않고 출력하는 데 그치지 않고, 지식과 경험을 조합해 자신만의 출력인 '할 수 있다'를 어떻게 증가시키느냐가 관건이다. 시험에서 높은 점수를 받는 것은 결코 '할 수 있다'가 아니다.

'알고 있다'를 '할 수 있다'로 승화시키기 위해서는 수많은 도전과 시행착오가 필요하다. 실패를 두려워하지 않고 수많은 실패를 거듭하는 프로세스를 통해, 자기 나름의 최선의 길을 발견하는 수밖에 없다.

좋은 시험점수를 얻기 위한 공부에서 실패란 용서받을 수 없다. 그것은 '알고 있다'를 늘리기 위한 공부다. 하지만 '할 수 있다'를 늘리기 위해서는 실패를 많이 해야 한다. 그래서 나는 영어 수업 시간에 아이들에게 가능한 한 많은 이야기를 하도록 시킨다. 틀린 문법으로 말하는 경우가 수도 없이 많지만 일일이 지적하지 않는다. 그것은 영어로 말하는 경험을 반복하는 동안에 언젠가 수정되기 때문이다. 교사 입장에서 증거가 남는 쓰기에서는 적절하지 못한 표현이나 문법에 '×'표시를 할 수밖에 없지만, 말이란 말하는 순간만 지나면 흔적도 없이 사라지기 때문에 다소의 실수는 눈감아준다. 그렇게 하면 아이들의 적극성이 한층 향상된다.

Google 검색 덕분에 정답을 찾아내기가 쉬워졌다. 오답이 드물어진 시대이다 보니 오히려 오답에는 가치가 있다. 아이들의 진정한 '할 수 있다'를 키우기 위해서는 어른들에게 '아이들이 실패를 선택하게 하는' 용기가 필요하다. 그런 의미에서 영어는, 문제 발견으로 연결되는 행동력을 추진시킬 뿐 아니라 영어로 말하는 경험을 반복하게 하는 학습 프로세스 자체가 문제 발견 능력을 높여준다고 할 수 있다.

## '영어를 잘한다'의
## 기준이 너무 높다
—

나는 귀국 자녀도 아니고 유학 경험도 없다. 다닌 곳이라곤 오사카의 평범한 공립 초등학교, 중학교, 고등학교가 전부다. 일본의 대학과 대학원에서 영어교육을 받긴 했지만, 특별히 영어회화학원을 다닌 적도 없다. 그래도 평소 All-English로 수업을 진행하고 외국인 교사들과도 영어로 대화를 나눈다. GTP 시상식에서는 영어로 스피치도 했다. 그런 나의 영어를 듣고 "어쩜 그렇게 영어를 잘하세요?"라고 놀라워하는 부모도 있다.

줄곧 일본에 살면서 나는 어떻게 영어를 잘하게 되었을까? 내가 다른 사람보다 영어를 조금 더 잘한다면, 그것은 다른 사람보다 영어로 실패도 훨씬 많이 했고 창피를 당한 경험도 많았기 때문일 것이다. 영어를 잘하고 못하고는 실패의 횟수에 달렸다. 나는 그렇게 믿는다. 내가 실패를 두려워하지 않고 어쨌든 실패부터 하고 보며 경험을 쌓을 수 있었던 것은 설정해둔 '영어의 기준'이 낮았기 때문이다.

어학을 공부하는 데는 네 가지 기능이 필요하다. 읽기(Reading), 듣기(Listening), 쓰기(Writing), 말하기(Speaking)가 그것이다. 외국어를 공부하는 사람 대부분이 취약하다고 생각하는 것은 듣기와 말하기일 것이다. 이를테면 지필고사용 기술인 '읽기, 쓰기'와 회화에 필요한 '듣기, 말하기' 사이에 보이지 않는 높은 벽이 존재한다. 하지만 그 벽과 취약의식은 그야말로 학습자들이 만들어낸 환상이라고 생각한다. '영어를 잘한다'는 기준이 너무 높은 것이다.

초등학교 6학년 영어 수업을 참관한 어른들은 "우와, 대단한데!"라며 깜짝 놀란다. 물론 아이들의 영어 실력이 대단한 것일 수도 있다. 하지만 바꿔 생각하면 참관자 역시 그것을 대단하다고 판단할 만큼의 영어 실력을 가지고 있다는 증거다. "이 영어를 초등학생이 알아들어요?"라고 말했다면, 적어도 6학년생보다 영어는 잘할 수 있다는 말이다. 비영어권 나라의 사람들이 들으면 틀림없이 '잘한다' 정도의 수준임이 분명하다.

'영어를 잘한다'의 기준을 너무 높였을 때 '나는 대단한 영어 실력도 아닌걸…' 하고 창피를 당할까 두려워서 좀처럼 영어를 말하지 않는 폐해가 발생한다. 사용하지 않으면 영어 실력은 떨어지고, 어느새 정말 못하게 될지도 모른다. 참 안타까운 일이다.

인간은 자신 있는 기술은 적극적으로 사용하지만, 자신이 없으면 그것을 사용해야 할 순간에 꽁무니를 빼게 된다. 기술은 사용할수록 단련되는 법이다. 실패가 두려워 행동하지 않으면 성장할 기회를 잃어버리고 만다.


## 기준을 낮추면 영어를
## 사용할 기회를 늘릴 수 있다
—

적어도 중고등학교 6년 동안 영어를 공부했던 기성세대의 영어는 일정한 수준을 갖추고 있다고 생각한다. 그런데도 연령대, 학력, 유학 경험의 유무 등의 이유를 들어가며 "나는 영어를 못하니까"라고 의기소침해하는 사람이 너무 많다. 필요한 것은 '영어를 잘한다'의 기준을 낮추고 사용할 기회를 늘리는 것이다.

기준이 높으면 기껏 원어민과 이야기할 기회가 생겨도, 옆에 영어를 잘하는 사람에게 "통역 좀 해줘"라며 뒤로 물러선다. 기준을 낮추고 '영어를 잘한다'고 믿으면 서툴게나마 원어민과 대화할 마음이 생긴다.

기준을 낮추고 아빠엄마가 '영어를 잘한다'는 사실을 아이들에게 당당하게 보여주자. "영어? 몰라, 못해!"라고 너무 쉽게 단념해버리고, 자신이 영어를 못한 한을 아이에게 떠넘기느라 우리말을 떼기도 전부터 영어 배우라고 등 떠민다. 그런 식의 막무가내 교육으로 아이가 성공했다느니, 영어를 잘하게 됐다느니 하는 경우를, 적어도 나는 듣도 보도 못했다.

내가 아이들에게 자주 보여주는 동영상이 있다. 포르투갈 출신의 축구계 슈퍼스타, 크리스티아누 호날두 선수가 일본에 왔을 때 한 기자회견 장면이다. 영상에는 그가 환영 인사를 하는 일본인 소년과 대화를 주고받는 모습이 담겨 있다. 소년은 메모를 보면서 포르투갈어로 호날두 선수에게 뭐라고 열심히 인사했다. 호날두 선수도 열심히 귀를 기울여 듣고 있는데, 그때 취재하러 온 일본인 기자단에서 소년의 얼버무리는 서툰 포르투갈어를 비웃는 듯한 웃음소리가 새어 나왔다. 그 소리를 들은 호날두 선수는 기자단 쪽을 돌아보며 "왜 웃죠? 이 아이의 포르투갈어는 훌륭해요"라며 친절하게 소년의 편을 들어주었다.

완벽하지 않아도 최선을 다해 말하고 있는 사람을 비웃는 문화를 바꾸지 않는 한, 영어로 말할 수 있는 사람은 늘지 못할 것이다. 이 동영상을 볼 때마다 나는 아이들에게 "이럴 때 웃는 어른이 되면 안 된다"라고 말한다.

## '영어=학력(學力)'은 아니다
—

영어와 학력을 무의식중에 관련지어 생각하는 사람도 많겠지만, 영어와 학력은 등식이 성립하지 않는다. 가령 분수 계산이 서툴러서 수학 실력이 형편없다고 하더라도, 태어나서부터 줄곧 국내에서 살았다면 모국어로 자연스럽게 말할 수 있다. 그것과 마찬가지다. 공부를 못하는 아이가 "난 머리가 나빠서 영어 같은 건 못해"라고 말한다면 나는 당장 이렇게 말할 것이다.

"만일 네가 미국인이라면 지금 '난 머리가 나빠서 영어 같은 건 못해'라고 영어로 술술 말하고 있는 것과 같아. 미국에는 3억 명이 넘는 사람이 살고 있으니까 틀림없이 공부 못하는 사람도 있을 거야. 그래도 모두 영어를 술술 잘 말하지. 그렇다면 공부를 잘하고 못하고는 영어 실력과 관계가 없는 거 아닐까? 그러니까 영어 공부 열심히 하자, 응?"

이렇게 예를 들어 말하면 아이들은 순순히 이해하고 받아들인다. 수학은 좀 못해도 영어라면 잘할 수 있을지 모른다는 긍정적인 사고를 갖는다면 영어는 금방 늘 수 있다. 영어를 잘하게 되어 자신감이 붙으면 '나는 머리가 나쁘니까' 같은 자기부정은 어느새 사라지고, 다른 과목에 대해서도 긍정적인 생각을 가지고 노력하게 된다.

자신의 학력이나 실력을 핑계 삼아 회피하지 말고 기준을 조금 낮춰서 "아빠도 영어는 좀 해"라는 자신감으로 아이와 함께 영어 공부에 도전해보기 바란다.

## 영어 실력 향상이 빠른 타입,
## 느린 타입
—

영어와 학습능력이 무관하다면, "영어 실력이 빨리 느는 타입은 어떤 아이인가요?"라는 질문을 받을 때가 있다. 제대로 배운다면 누구나 영어를 잘할 수 있지만, 안타깝게도 영어 실력이 '빨리 느는 타입'과 '늦게 느는 타입'이 있는 것도 사실이다.

영어 실력이 빨리 느는 경우는 앞에서도 말했듯이 실패를 두려워하지 않는 타입이다. 틀려도 좋으니까 자꾸자꾸 영어를 써보려고 하는 아이는 영어 실력이 무럭무럭 성장한다. 그런 아이는 또 호기심이 강하다.

나의 영어 수업은 All-English로 진행하지만, 나는 아이들에게 대충 의미만 알면 된다고 말한다. 그래도 "잘 못 들었어요. 한 번만 더 말씀해주세요"라는 아이가 있는가 하면, "왜 I만 대문자예요? he는 소문잔데?" "왜 I 다음에는 am이에요? 왜 is가 아니에요?"라는 식으로 세부적인 것까지 '왜?' '어떻게?'라고 의문을 제기하는 아이도 있다. 결과적으로 이런 아이들은 영어 실력 향상이 빠르다.

꼭 영어가 아니더라도, 가정에서는 무엇에든 호기심을 갖는 아이로 키우는 게 좋다. 그러려면 부모가 무엇에든 흥미를 가져야 한다. 아이가 던져오는 사소한 질문에도 "왜 그럴까?" 하고 함께 생각하고 고민하는 환경이 중요하다. 아이는 모름지기 호기심 덩어리다. 그러므로 호기심을 '키운다'라기보다는 '빼앗지 않는다'는 표현이 더 적절할지 모르겠다.

반대로 영어 실력 향상이 더딘 경우는 실패를 지나치게 두려워하는 타입이다. 실패하기 싫어하는 아이는 영어에 도전하는 걸 어려워한다. 틀리더라도 자꾸자꾸 이야기해보는 것이 중요한데 그것이 성격적으로 어렵다.

실패를 두려워하는 아이가 영어를 배울 때의 포인트 역시 '영어를 잘한다'의 기준을 낮추는 것이다. 기준을 높게 설정할수록 실패 확률은 높아지고, 창피당하기 싫어서 결국 도전하지 않게 된다. 그렇게 되면 영어를 써볼 기회는 줄어들고 실력은 향상되기 어렵다.

나는 실패를 두려워하는 아이에게 오히려 적극적으로 접근하지 않는다. 그럴 때는 담임선생님에게 아이의 성향을 물어본다. 어떤 아이건 그 아이만의 강점과 매력이 반드시 있다. 담임선생님은 학교에서 가장 가까이에서 아이들을 관찰하기 때문에 누구보다 아이의 장점을 잘 안다.

실패를 두려워하는 아이들 중에는 혼자 조용히 책 읽는 것을 좋아하는 타입이 적지 않다. 그런 모습을 우연히 발견하면 "책을 좋아하니?"라고 물어보자. 자신 있는 분야에서는 창피를 당할 걱정이 덜하므로 수줍음이 많은 아이라도 "선생님, 이 책 진짜 재미있어요!"라며 선뜻 대답해온다. 바로 그 순간 "그래? 그럼 그 책에 대해서 선생님에게 영어로 소개해보지 않을래?"라고 한 발짝 더 다가선다. 설령 그 자리에서는 "영어로는 좀…"이라며 선뜻 내켜 하지 않더라도, 그러한 상황이 반복되다 보면 '우리말로 말하면 창피하지만, 영어로 하면 별로 창피하지 않다'고 생각되는 순간이 반드시 온다. 그 순간이 바로 영어를 좋아하게 되는 터닝포인트다.

영어를 좋아하게 되는 계기가 반드시 독서만은 아니다. 아이를 가장 가까이에서 지켜보는 부모는 아이의 강점과 매력을 교사보다 더 잘 알고 있다. 실패를 두려워하는 아이에게는 그들의 강점과 매력을 살려서 '영어로 말하면 창피하지 않다'는 생각을 가질 수 있도록 격려해주기 바란다.

## 영어는 목적이 아니라
## 출발선이다

영어교육의 속설 중에 '영어만 할 줄 알면 만능'이라는 것이 있다. 아이들 중에도 '영어 하나면 성공할 수 있다'느니 '영어를 사용하는 직업을 갖고 싶다'는 희망을 가진 경우가 상당히 많다.

영어를 사용하는 직업을 갖고 싶다는 아이에게 나는 이렇게 묻는다. "영어를 사용하는 직업이라면 셀 수 없이 많단다. 미국에서도 영국에서도 거의 대부분이 영어를 쓰면서 일을 하고 있잖니? 그럼 넌 그중에서 뭘 하고 싶어? 나는 영어 선생님을 하고 있고, 저 앞 역무원 아저씨도 영어는 말할 수 있는데?" 이렇게 거듭 물으면 대다수의 아이가 입을 다물고 만다. 이러한 경향은 영어를 배운 지 얼마 안 된 초등학생뿐만 아니라 중고등 학생 중에서도 쉽게 찾아볼 수 있다.

'영어 하나면 성공할 수 있다'고 장래를 운운하는 아이들은, 언젠가 영어를 마스터하겠다는 것을 목표로 삼는다. 하지만 영어를 습득하는 것은 시작에 불과하다. 그래서 나는 아이들에게 "영어가 모국어인 미국인이나 영국인은 영어공부 같은 건 하지 않아. 영어를 할 줄 안다는 건 다만 출발선에 섰다는 걸 의미해. 그러니까 영어로 무엇을 하고 싶은지를 생각하도록 하자. 알겠지?"라고 말한다.

'영어를 잘한다'의 기준이 너무 높은 이유 중 하나도 '영어를 잘한다'가 수단이 아닌 목표이기 때문이다. 영어는 자기가 좋아하는 일을 하고 꿈을 이루기 위한 수단이자 출발선이다. 장래의 희망직업이나 꿈에 적합한 수준의 영어 실력만 있으면 충분하다. 원어민 수준의 영어가 아니라도 괜찮다.

일본 대학에 대한 평가는 현재 세계적으로 결코 높지 않다. 부모들 중에는 내 아이가 장래에 하버드대학이나 케임브리지 대학 같은 세계 유수의 대학에 진학하길 바라는 이도 있다. 하버드나 케임브리지에 진학하기 위해서는 뛰어난 영어 실력이 필요하지만, 하버드나 케임브리지에 합격하는 것이 목표는 아니다. 하버드나 케임브리지에 가면 어느 교수 밑에서 무엇을 공부하는지, 그 공부한 것을 살려서 인생에서 무엇을 이루고 싶은지…. 미래를 살아갈 아이들에게는 바로 거기까지 목표를 명확하게 정할 필요가 있다. 가령 아이에게 로봇공학을 배워서 세계적인 로봇 설계자가 되고 싶다는 꿈이 있다면, 진학할 학교는 하버드가 아닌 로봇공학 분야에서 세계 탑인 컴퓨터과학·인공지능연구소를 가진 MIT(매사추세츠공과대학)가 될 것이다.

어디에서 무엇을 배울 것인지가 명확하고, 그 목표를 위해 진학할 학교가 가령 미국이나 영국이라면 영어는 공부 이전의 문제가 된다. 하버드, 케임브리지, MIT와 같은 세계적으로 평가가 높은 대학은 해당 국가 이외의 다른 나라에서도 많은 학생이 지원하고 시험을 치른다. 당연히 좁은 문이니만큼, 영어를 할 수 있어야 비로소 동등한 출발선에 섰다고 할 수 있다. 영어를 잘하는 것은 결국 마이너스에서 제로, 즉 출발선으로 자신을 끌어올린 것에 불과하다. 승부는 바로 거기에서 시작된다. 그런 상황에서 "영어를 2시간 공부했으니까 이제 공부 끝! 게임이나 한 판 할까?"라는 여유가 생길 리 없다.

영어는 목표가 아닌 출발이고, 자신의 꿈을 실현하기 위한 수단이다. 그렇게 생각을 바꾼 아이들은 영어공부를 힘들어하지 않는다. 외국어를 배우려면 그 언어를 쓰는 연인을 만나는 것이 최선이라고들 한다. 마찬가지로 알고 싶고, 배우고 싶고, 말하고 싶다는 학습동기를 가지면, 동기부여도 높아지고 이상적인 영어학습자가 된다.

유학을 부정하고 싶진 않지만, 영어를 배우겠다는 목표만 가지고 외국에 가는 것은 시대착오적인 사고라고 본다. 뭔가를 배우기 위해 유학을 간다는 자세, 목표를 위한 수단으로써 영어가 필요하기 때문에 영어를 배운다는 자세가 요구되는 시대다.

**CHAPTER 2**

# 달달 외우는 영어 공부는 NO! NEW 영어 공부법

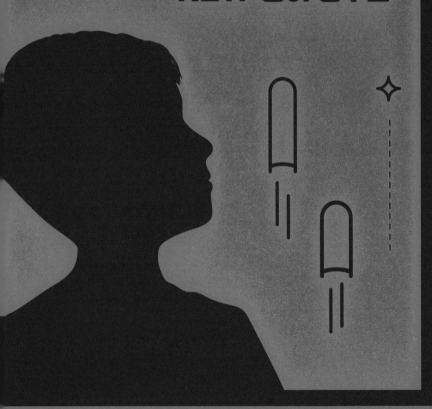

## AI 시대, 학교 교육은
## 크게 달라질 것이다

—

먼저 아래 사진 두 장을 보자. 첫 번째 사진은 120년 전인 1900년 무렵의 교실 모습이다. 두 번째 사진은 현대의 교실 모습이다. 1900년이면 일본 메이지 시대의 대문호 중 한 사람인 나츠메 소세키가 영국으로 유학을 떠난 해다. 그로부터 120년이 흐른 지금, 기술은 상상할 수 없을 만큼 발달하였고 세상도 사람들의 생활도 거리의 모습도 크게 달라졌다. 그런데 교실의 모습은 거의 달라지지 않았다. 칠판이 있고 교탁이 있고 아동

용 책상과 의자가 교탁을 향해 놓여 있다. 부모 세대가 학생일 때의 교실 모습과도 거의 달라지지 않았다.

교실의 모습만 변하지 않은 게 아니다. 수업 내용도 거의 변함없다. 선생님은 자신들이 받은 교육의 상식적 틀에서 벗어나면 안 된다고 믿기 때문에, 수업 내용을 좀처럼 바꾸지 못한다. 아이들은 선생님을 향해 앉아 말없이 선생님의 이야기를 듣고,

■ 과거(위)와 현재(아래)의 교실. 교실의 모습은 거의 달라지지 않았다.

칠판에 선생님이 쓴 내용을 공책에 옮겨 적으면서 쉼 없이 지식을 주입한다. 인쇄물로 숙제를 제출하고 시험을 치르며 지식을 제대로 입력했는지를 확인한다. 21세기에 접어든 지 20년이 흘러도 수업 방식은 20세기 초반의 그것을 고스란히 물려받고 있다.

설령 태블릿이나 개인용 컴퓨터를 교육 현장에 도입했다 하더라도, 수업 방식이 120년 전과 달라진 게 없다면 아무 의미가 없다. 지금의 어른들이 학생이었을 때 받았던 것처럼, 교사가 판서나 인쇄물에 의존하여 아이들에게 지식을 일방적으로 전달하는 수업 방식은 앞으로는 사라지게 될 것이다. AI 시대에는 새로운 수업 방식이 필요하다.


### '수험영어'와 '진정한 영어 실력', 두 마리 토끼를 잡다

—

자신이 받아온 교육과 전혀 다른 커리큘럼으로 바뀌어서 불안한 부모가 있을 수 있다. 그뿐만 아니라 대학 입시 개혁이 어느 방향으로 튈지도 불투명하다. 하지만 나는 이러한 방향의 교육 개혁에 불안해할 필요는 없다고 생각한다. 설령 수업과 시험의 형식이 달라지더라도 영어라는 사실에는 변함이 없다. '진짜 영어 실력'만 익힌다면 얼마든지 대응할 수 있기 때문이다.

예컨대 앞으로 대학 입시 개혁이 어떤 형태로 바뀌든, '읽기'와 '듣기'의 입력계 기능만이 아니라 '쓰기'와 '말하기'의 출력계 기능도 평가하는 식으로 흘러갈 것은 틀림없다. 그것을 전제로 초중고의 학습 지도 요령이 개정될 것이다.

지금까지 방식의 대학 입시용 수험영어를 마스터했더라도 영어로 대화할 수 있는 진정한 영어 실력은 마스터하지 못했다. 원래 영어에는 수험용이니 회화용이니 하는 구분이 없다. 원래 한 가지 영어인데 우리가 수험용과 회화용으로 분리시켰을 뿐이다. 앞으로의 영어교육 개혁은 분리되었던 두 가지를 원래대로 일체화하는 시도가 될 것이다.

수험영어가 생긴 이유는 순위를 매기기 편리하기 때문이다. 근면하고 똑똑한 사람은 조금만 노력해도 웬만한 시험에서는 100점 만점을 맞을 수 있다. 그렇게 해서 만일 모두가 100점을 맞아버리면 순위를 매길 수 없다. 이를 피하기 위해 수험영어는 점점 세분화되고 어려워졌다. 그리고 어려워진 시험에 대한 대책을 학원이 내세우면, 이번에는 그에 질세라 수험영어가 한층 더 어려워진다. 그러한 경쟁원리에 쫓기다 보니 어느 순간 영어는 수험영어와 회화영어로 따로따로 분리되고 만 것이다.

빠른 속도로 글로벌화가 진행되는 만큼 영어로 커뮤니케이션할 수 있는 인재가 요구되자 국가 차원에서도 영어교육의 발본 개혁에 나섰다. 우리에겐 좋든 싫든 수험문화가 있고, 그 정점에는 최고학부인 대학의 입학시험이 있다. 그런 만큼 대학 입시 영어를 바꾸면 영어교육은 도미노처럼 줄줄이 변하게 될 것이다. 그쯤 되면 수험영어와 회화영어의 간극도 분명 사라지게 될 것이다. '진정한 영어 실력'만 갖추고 있으면 학교의 커리큘럼이나 입시제도가 어떻게 바뀌든 상관없이 대응할 수 있다.


## '진정한 영어 실력'이란
## 무엇인가
—

부모들은 내 아이가 시험에서 좋은 점수를 받기를 바라면서도 '진정한 영어 실력' 또한 갖추기를 바란다. 그렇다면 진정한 영어 실력이란 무엇일까? 나는 영어교육을 다음과 같은 피라미드 구조로 설명하곤 한다.

토대의 가장 아랫단을 이루는 것이 '듣기(Listening)'다. 그 위를 차지한 것이 '읽기(Reading)'이고 거기에 '말하기(Speaking)'와 '쓰기(Writing)'가 차례대로 올라가 있다. 이 중에서 듣기와 읽기가 인

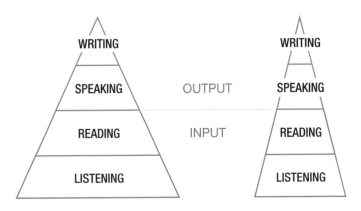

■ '듣기' '읽기'의 인풋(입력)이 탄탄한 토대를 이루고 있을 때 비로소 '말하기'와 '쓰기'의 아웃풋(출력)도 풍부해진다(왼쪽). 반대로 인풋의 양과 질이 낮으면 아웃풋의 양과 질도 낮아질 수밖에 없다(오른쪽).

풋(입력), 말하기와 쓰기가 아웃풋(출력)이다. 그림처럼 토대가 가장 넓고 위로 올라갈수록 서서히 좁아지는 피라미드 모양을 떠올리면, 인풋 이상의 아웃풋은 나올 수 없다는 사실을 알 수 있다. 크고 높은 건물을 짓기 위해서는 넓고 튼튼한 토대를 빼놓을 수 없다. 마찬가지로 우리에게 취약한 아웃풋, 즉 '말하기'와 '쓰기' 능력을 높이고 싶다면 인풋, 즉 '듣기'와 '읽기'라는 토대를 단단히 세우는 것이 무엇보다 중요하다.

가령 100개의 영어 문장을 알아들을 수 있게 되면(듣기), 그중 30개 정도의 문장은 말할 수 있게 되고(말하기), 다시 10개 정도의 문장을 쓸 수 있게 된다(쓰기). 다시 말해 충만한 아웃풋을 위해서는 기초가 되는 인풋의 양과 질을 얼마나 높일 수 있는가가 관건이다. 인풋을 100에서 200으로 끌어올리면 60개의 문장을 말할 수 있게 되고, 20개 문장을 쓸 수 있게 된다. 인풋이 300이 되면 90의 말하기, 30의 쓰기가 가능해진다.

내가 근무하는 학교에서는 1학년 때부터 영어 수업을 하는데, 이상적인 피라미드 구조를 염두에 두고 초등학교 6년 동안을 '듣기'와 '읽기'의 인풋 기간으로 간주하고 있다. 아웃풋은 중학교 이후에 하면 된다는 계산으로, 초등학생 때는 오롯이 인풋의 양과 질을 높이는 일에 중점을 둔다. 다만 이것은 초중고의 교육방침이 일관될 때 더 좋은 결과를 얻을 수 있다.

영어교육을 '듣기'에서 시작하는 것은 언어를 배울 때의 뇌의 인지 프로세스와도 일치한다. 이는 우리가 어떻게 해서 모국어를 배우고 익히는가를 돌이켜보면 금방 알 수 있다. 아기는 부모가 쓰는 모국어를 일정 기간 내내 듣고 있다가 어느 순간 그것을 흉내 내어 말하게 된다. 그러다가 그림책을 읽게 되고 또 그것을 따라 글씨를 쓰게 된다.

다만 인풋이 중요하긴 하지만 거기에서 끝내면 안 된다. 아웃풋에 이를 때까지 꾸준히 밀어붙였을 때 비로소 영어 실력은 향상한다. 아웃풋이 되었을 때 비로소 진정한 영어 실력을 갖추게 된다. 우리의 지난 영어교육을 돌이켜보면 인풋에 그치고 만

경향이 있다. 하지만 앞으로의 영어교육은 탄탄한 인풋의 토대 위에 아웃풋을 착실히 쌓아가는 방식이어야 할 것이다.

## 원어민 선생님에게 맡기면
## 안심이다?
—

'아웃풋이 중요하다'고 하면, "그럼 원어민 선생님과의 회화 반이 있는 학교에 다녀야 하지 않나요?" "영어회화 학원에 보내야 할까요?"라고 되묻는 부모가 반드시 있다. 영어를 사용할 기회를 늘리는 것은 중요하다. 하지만 원어민 선생님이 있는 학교에 다니면 안심이라고 생각하는 것은 바람직하지 않다.

물론 학교에 원어민 선생님이 있으면 방과 후에 선생님과 이야기를 나눌 수 있으니 좋다. 단, 말하기 능력을 끌어올린다는 관점에서 틀린 것을 바로잡아줄 필요는 있다. 흔히 학생이 서툰 영어로 몇 마디 말을 걸어오면, 원어민은 "Yeah! Alright!"이라며 웃고 넘기는 것이 예사다. "Hello"와 "OK"만으로도 영어회화는 완성된다. 입장을 바꿔서 생각해보면 간단하다. 외국인이 아주 서툰 우리말로 뭐라고 말을 걸어오면, 대충 짐작으로 이해하기도 하고, 틀린 말을 고쳐주기보다는 정말 잘한다고 칭찬하기 바쁜 것과 같다. 그렇게 하다 보면 언제까지고 제대로 된 영어회화 실력은 쌓을 수 없다.

기초수준에서는 문법이 다소 틀리더라도 "아주 잘했어!"라고 칭찬함으로써 의욕을 북돋아주는 것이 바람직하다. 하지만 일정 수준 이상이 되었을 때는 틀린 부분을 정확히 지적해주는 피드백이 없으면 영어 실력은 향상되기 어렵다.

일본의 일류대학에서는 원어민 교사의 영어 수업이 의외로 인기가 없다고 한다. 원어민보다 일본인 교사가 더 정확한 피드백을 해주기 때문이다. 학교를 선택할 때나 영어회화교실을 선택할 때 "저곳은 원어민 선생님이 있으니까 안심이다" "원어민 선생님한테 맡겨두면 OK"라는 식의 원어민 신화는 그만 끝내는 것이 좋다.

원어민 교사가 있다고 해서 영어의 네 가지 기능이 다 해결되는 게 아니다. 진짜 필요한 것은 모르는 게 있을 때 세세하게 지적해주고 정확하게 평가하고 피드백해주는 선생님이다. 특히 영어가 일정 수준에 올랐을 경우, 피드백해주는 선생님의 존재가 영어 실력을 향상시키는 데 있어 아주 중요하다. 바꿔 말하면, 원어민 선생님이 없더라도 정확한 피드백만 있으면 영어 실력은 얼마든지 향상될 수 있다.

지금까지의 오랜 영어교육이 '진정한 영어 실력'을 키우지 못했던 것은 영어를 '듣고 읽고 끝'냈기 때문이다. 말하는 연습을 하고 쓰는 작업에 착수했을 때 비로소 영어는 아이들의 뇌리에 입력된다. '쓰기=생각하기'라고들 흔히 말하는데, 그것과 마찬가지다. 영어로 글쓰기를 할 수 있게 될 때 비로소 '진정한 영어 실력'을 갖추게 된다.

원어민 선생님과 즐겁게 수업하면 영어를 좋아하게 되고 영어 사용에 대한 저항감을 없앨 수 있다. 하지만 영어 실력이 좀처럼 향상되지 않는다면 그것은 '쓰기'라는 작업에까지 이르지 못했기 때문이다. 그런가 하면 '쓰기'를 했다손 치더라도 기존의 영어교육에서처럼 음성이 빠져 있으면 그 또한 무의미하다. 즉 영어학습의 승패를 좌우하는 것은 문자와 음성을 얼마나 강하게 결속시키느냐다.

"I have a dream that my four little children….."

이상의 문장을 멍하니 바라보기만 해서는 안 된다. 문자를 보면서 소리 내어 읽음으로써 문자와 소리가 강하게 결부되는 프로세스가 중요하다. 소리를 듣고 문자로 적는 것은 비교적 간단하지만, 반대로 문자를 보고 소리로 표현하는 것은 지식이 없으면 불가능하다. 소리로만 혹은 문자로만 학습하면 안 된다. 그래서 나는 소리 내어 읽기, 즉 음독을 중시한다. 음독 학습법에 대해서는 3장에서 다루기로 한다.

## '진정한 영어 실력'을 위해
## 영문법은 필요할까?

—

영어 원어민은 영문법을 배우지 않고도 영어를 말할 줄 안다. 우리도 우리말의 문법을 딱히 몰라도 말을 잘한다. 그런 점에서 '영문법 공부가 과연 필요한가?'라는 의문이 제기된다. 영문법을 공부하기보다 말하는 연습을 더 많이 하는 편이 진정한 영어를 습득할 수 있는 지름길이라고 생각하는 사람도 당연히 있을 것이다.

결론부터 말하면 영문법 공부는 모국어로 쓰지 않는 입장에서 효율적으로 영어를 습득하는 데 도움이 된다. 영어 원어민에게 영문법이 불필요한 것은 원래부터 영어를 말할 수 있기 때문이다. 우리가 모국어의 문법을 몰라도 우리말을 잘할 수 있는 것과 마찬가지다.

영문법은 인풋인 듣기와 읽기를 아웃풋인 말하기와 쓰기로 이어주는 다리 역할을 한다. 영문법을 본격적으로 배우는 것은 중학교부터지만, 그 전에 아이들이 영문법의 필요성을 이해할 수 있도록 나는 다음과 같은 게임을 한다.

아이들에게 1부터 45까지의 숫자가 랜덤으로 적혀 있는 종이를 배부한다. 그리고 2인 1조가 되어 30초 안에 1부터 45까

1  19  11  38  3  21
10  37  39
28  2  29  20  12  30

4  31  14  41  24  6
13  5  42
22  40  23  32  15  33

16  43  26  44  27  36
7  8  9
25  34  17  45
35  18

---

1  19  11  38  39  3  21
10  37
28  2  29  20  12  30

4  31  14  41  24  6
13  5  42
22  40  23  32  15  33

16  43  26  44  27  36
7  8  9
25  34  17  45
35  18

지의 숫자에 순서대로 동그라미를 치도록 한다. 30초 후 더 많은 숫자에 동그라미를 친 아이가 승자가 된다. 해보면 알겠지만 30초 안에 45까지의 숫자에 동그라미를 치는 것은 결코 쉬운 일이 아니다.

이긴 아이들은 책상에 엎드려 있게 하고 진 아이들에게만 "이걸 보면 다음 게임에서는 이길 수 있을 거다"라며 하나의 그림을 보여준다. 아래 그림이 그것이다. 언뜻 보면 랜덤으로 써놓은 것처럼 보이는 숫자는, 9등분된 구역에 5개씩 숫자가 적혀 있다. 위에서부터 순서대로 왼쪽에서 오른쪽으로 숫자를 하나씩 찾아가기만 하면 차례대로 숫자에 동그라미를 칠 수 있다.

첫 번째 게임에서 졌던 아이들은 "아하, 그런 거였구나!" 하고 이해한다. 얼른 그림을 숨기고 엎드려 있는 아이들에게 고개를 들게 한다. 그런 다음 다시 새로운 종이를 나눠주고 같은 게임을 시킨다. 처음에 졌던 아이들은 이제 게임의 원리를 알고 있기 때문에 이번에는 아주 빠른 속도로 숫자를 찾아낸다. 반면 원리를 모르는 아이들은 친구들의 빨라진 속도를 느끼며 도대체 무슨 일이 벌어진 건지 어리둥절해한다. 그러는 사이 처음에 졌던 아이들의 패자부활전은 멋지게 성공한다.

이 게임을 끝낸 후 처음에 이겼던 아이들에게도 게임의 숨은 원리를 설명해주고 나서 나는 이렇게 덧붙인다. "영문법을 배우는 것은 이 게임에서 숫자가 어떤 순서로 나열되어 있는지 원리를 이해하는 것과 같은 거란다. 숫자들 사이에 선을 긋는 것. 영문법은 그 선처럼 영어를 빨리 이해할 수 있게 해준단다."

이 게임과 문법을 결부시키는 것이 다소 억지스러울 수도 있다. 하지만 아이들에게는 효과 만점이다. 원리를 아느냐와 모르냐에 따라 세계는 전혀 다르게 보일 수 있다. 원리만 알면 세계를 이해하는 방법이 훨씬 효율적임을 직감적으로 깨닫기 때문이다. 그럼 '영문법이 무슨 의미가 있어?'라고 생각하지 않고 수업에 보다 적극적으로 임하게 된다.

## 영문법은 '쓰기 연습'이 아니라
## '말하기 연습'으로 배운다

―

영문법이 중요하긴 하지만, 그것을 종이 텍스트로 가르치고 필기시험으로 그 이해 정도를 확인하는 방법으로는 좀처럼 익히기 어렵다. 최악인 것이 한 예문을 제시하고 SVO나 SVOC 등 몇 형식 문장인가를 답하라고 하는 문제다. 이해하기도 전에 영어를 말할 수 있었던 미국인이라도, 이런 문제를 푼다면 누구도 100점을 맞지 못할 것이다. 아무리 문법이 중요하다고 해도, 원어민도 대답할 수 없는 문제까지 척척 알아맞히게 하는 것이 과연 무슨 의미가 있을까.

중학교에서 영어를 가르쳤을 때 나는 영문법에 대해 묻는 '쓰기 연습'이 아니라 '말하기 연습'을 집중적으로 가르쳤다. 예컨대 현재완료형을 가르친다고 해보자. 기존에는 종이에 몇 가지 예문을 나열해 놓고 그중에서 올바른 것을 고르라는 방식이 주류였다. 하지만 나는 현재완료형을 자연스럽게 사용할 수 있는 상황을 재현하고, 그 회화 중에 현재완료형이 저절로 이해되는 연습을 생각해냈다.

점심시간 직전의 수업이라면 "슬슬 배가 고파오네. 오늘은 선생님이 제일 좋아하는 튀김을 소개해보자꾸나"라고 영어로 말한 다음 아이들에게 새우나 굴튀김 혹은 아스파라거스 튀김 같은 사진을 보여준다. 그런 다음 마지막으로 아이스크림 튀김을 보여주면서 "이게 뭐 같아? 아이스크림 튀김이란 거야!"라고 깜짝 발표를 한다.

"This is tempura ice cream. Have you ever eaten tempura ice cream?"

현재완료형이란 영문법을 몰라도, 이야기 흐름상 'Have you ever~?'가 '~한 적 있니?'라는 의미라는 것쯤 짐작으로 알 수 있다. 아이들은 아직 어렴풋이 이해하므로 내친김에 말하기 연습을 속도감 있게 진행한다.

"Have you ever been to Niagara Falls?"

"Have you ever seen a shooting star?"

연속해서 문장을 말하면서 아이들에게 'Have you ever~?' 가 '~한 적 있니?'라는 패턴임을 깨닫게 한다. 다음 단계에서는 아이들로 하여금 같은 유형의 질문을 만들어보게 한다.

"Have you ever eaten Mexican food?"

"Have you ever been to Okinawa?"

이런 예문을 가급적 많이 열거한다. 마지막으로 그것을 문장으로 써보게 하면 아이들은 비로소 영문법 현재완료형을 진정 익히게 된다.


## 영어는 체육과 마찬가지로
## 실기의 일종이다

—

내가 영문법을 이론만이 아니라 말하는 연습을 통해 가르치는 것은 영어가 실기의 일종이라고 믿기 때문이다. 오른팔을 옆구리까지 가져간 다음 왼팔을 물속에 담근다…, 이런 설명을 아무리 머리로 이해했어도 그것으로 자유형을 익힐 수 있는 건 아니다. 말로 설명할 수 없어도 몸으로 기억해 헤엄칠 수 있으면 그것으로 충분하다. 영어도 마찬가지다.

영문법이 이론 중심으로만 이뤄진다면, 아무리 오래 붙잡고 있어도 인풋을 아웃풋으로 전환시킬 수 없다. 지필고사용 지식에 만족하지 않고 말하기라는 행위를 통해 몸이 기억하면 그 정착 가능성은 급격히 상승한다. 특히 요즘 아이들은 몸을 통해 익히지 않으면 머리 깊숙이 정착시키는 데 서툰 것 같다.

ICT가 진화하면 재택근무뿐만 아니라 재택학습도 기술적으로는 가능해질 것이다. 그것이 기술적으로 가능하다 하더라도, 스마트폰이나 태블릿을 통해 실제 인간이 아닌 AI가 선생님이 된다면 어떻게 될까? 그때는 사실적인 체험과 체감이 동반되지 않기 때문에 배움의 정착 가능성은 그만큼 나빠질 수밖에 없다. 나는 그런 걱정이 앞선다.

무엇보다 교사들은 아이들과 얼굴을 마주 보고 무릎을 맞대어 수업하는 장점을 최대한 살려야 한다고 믿는다. 나는 어떤 아이가 좀 어려운 문제를 해결하면 "Yeah!"를 외치며 하이파이브를 한다. 그런 사실적인 체험이 피와 살이 되어 아이의 성장으로 직결된다고 믿기 때문이다.

영어를 실기로 받아들이면 교사들에게는 예기치 않은 장점이 있다. 아이들이 수업에 집중해서 졸지 않게 된다는 것이다. 영문법을 책이나 인쇄물로만 가르치려고 하면, 수업 내용이 지루해져서 어느새 꾸벅꾸벅 조는 아이들이 몇 명쯤 나온다. 그건 아이들의 잘못만은 아니다. 재미없는 수업을 하는 교사의 책임도 있다.

그런데 영어를 실기라고 생각하면, 교사의 이야기를 일방적으로 듣기만 하는 수업 방식이 아닌 아이들이 적극적으로 영어를 사용할 기회가 있는 수업 방식을 찾는다. 그러다 보면 수업 중에 조는 아이들은 찾아볼 수 없게 된다. 체육시간에 조는 아이가 없는 것과 마찬가지다. 그것만으로도 수업은 활기를 찾고 아이들의 이해도도 높아진다.

초등학생도 달걀이 'egg'라고 말할 줄 안다. 하지만 "그럼 '달걀을 깨다'는 영어로 뭐라고 할까?"라고 물으면 대답할 줄 아는 아이는 거의 없다. 마찬가지로 물은 'water'라는 걸 알면서, '물을 따르다'를 영어로 어떻게 표현하는지 아는 아이는 그리 많지 않다. 그것은 이론으로만 배우고 실기적인 체험이 결여될 때 나타나는 폐해 중 하나다.

실기 중심의 영어 수업에서라면, 실제로 달걀을 볼에 깨면서 'break an egg open'이라는 표현을 말할 줄 안다. 또 컵에 물을 따르면서 'pour the water'라는 표현을 쓸 줄 안다. 계속해서 아이들에게도 달걀을 깨거나 물을 따르면서 그 동작에 상응하는 영어를 말해보게 하면 그 표현의 정착 가능성은 높아진다.

이런 방법이라면 교실에는 없고 집에만 있는 '냉장고'나 '세탁기' 같은 단어를 수업 중에 사용할 기회는 저절로 줄어든다. 그런 점을 고려할 때 가정에서도 부모가 함께 '영어 실기'에 도전해보면 도움이 된다. 가정생활 속에서야말로 "이건 영어로 뭐라고 말할까?" 같은 실기 중심의 영어를 습득할 기회가 많다. 3장에서는 가정에서 할 수 있는 영어학습에 대해 다루어보겠다.

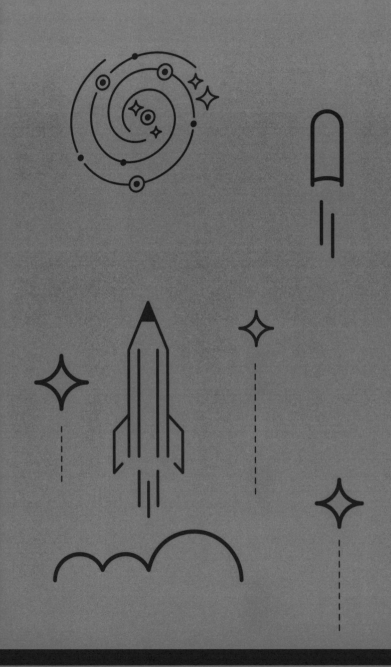

# CHAPTER 3

# I CAN DO IT!
# 집에서 혼자 하는
# 영어 공부법

## 학교에만 의존해서
## 영어 실력을 키울 수 없는 이유

—

외국어를 습득하기 위해서는 긴 시간이 필요하다. 바꿔 말하면 시간만 들이면 누구라도 외국어는 습득할 수 있다. 일반적으로 영어를 익히기 위해서는 2,500시간에서 4,000시간의 학습이 필요하다고 한다. 구기종목에 감각이 좋은 사람과 나쁜 사람이 있듯이 영어에도 감각이 있고 없고가 존재한다. 영어에 대한 감각이 좋은 사람이 2,500시간 만에 습득했다고 해도 감각이 둔한 사람은 4,000시간은 들여야 할 수도 있는 것이다.

가령 영어 수업이 매주 4차시라고 하자. 1차시가 45분이면 매년 140시간 정도가 된다. 사실상 학교 행사 등으로 수업이 빠질 때도 있으므로 실제로는 연간 120시간 정도가 될 것이다. 초등학교 3학년부터 고등학교 3학년까지인 10년간, 매주 4차시씩 영어를 계속해서 공부한다면 총 영어학습시간은 1,200시간으로 4,000시간의 3분의 1가량에 지나지 않는다.

사용 가능한 영어를 습득하기 위해서는 학교 수업에서 영어를 배우는 것만으로는 아무래도 부족하다. 그러므로 학교 수업 이외에 영어공부 시간을 늘릴 필요가 있다. 바꿔 말하면 "영어교육을 집중적으로 시키는 사립학교와는 달리 우리 아이가 다니는 학교는 평범한 공립이라서…"라고 포기할 필요도 없다. 애초에 학교에서 배우는 시간으로는 압도적으로 부족하기 때문이다.

이때 반드시 피해야 할 것은 '학교학습만으로는 부족하니까 선생님이 영어숙제를 더 많이 내줘야 하지 않겠느냐'는 사고방식이다. 지금껏 이런 식으로 영어공부를 지도했고 결국 영어의 네 가지 기능을 습득하는 데 실패한 경험이 있지 않은가. 같은 시행착오를 반복해서는 안 된다. 영어공부 시간을 늘리려면 아이들이 가정에서도 스스로 영어를 공부할 수 있는 환경을 만들 필요가 있다. 3장에서는 그에 대해 소개하고자 한다.

참고로 2,500~4,000시간이란 숫자는 하나의 기준에 지나지 않는다. 여러 차례 언급했듯이 '영어를 잘한다'의 기준을 낮추고 행동력을 발휘할 수 있는 장치로써 시간을 재설정한다면 1,500~3,000시간으로도 충분하다. 그렇더라도 학교 수업 1,200시간으로는 부족하다는 사실에는 변함이 없다. 영어로 무엇을 하고 싶은가가 명확해지면 어떤 레벨의 영어가 필요한지를 알 수 있다. 숫자에 집착하지 말고 우선은 아이와 즐겁게 영어를 배울 수 있는 환경을 만들도록 하자.


## 무턱대고 BBC나 CNN을 듣는다고 영어 실력이 느는 건 아니다

—

"영어를 샤워처럼 꾸준히 뒤집어쓰면 언젠가는 영어를 말할 수 있게 된다"는 설이 있다. 그럼 TV로 BBC채널이나 CNN채널을 매일 틀어두면, 어느 날 갑자기 의미를 알아들을 수 있게 될까? 불행히도 그런 일은 없다. "Hello"라고 100만 번 반복해 들어도 영어 실력은 늘지 않는다. 반대로 초등학생을 대상으로 가정에서 BBC나 CNN을 줄곧 틀어놓아도 역시 영어 실력은 성장하지 않는다.

의미도 모르는 영어를 아무리 샤워처럼 틀어놓더라도, 영원히 영어로 말할 수 없다. 그것은 불경을 듣는 것과 마찬가지다. 우리가 아무리 오래도록 불경을 들어도 '나무아미타불…'의 다음 경구를 외기란 쉽지 않다. 그것은 의미를 모르기 때문이다. 중국인의 유입이 급증해진 덕분에 굳이 중국에 가지 않더라도 중국어를 접할 기회가 그만큼 증가했다. 그래도 우리는 여전히 '니하오'나 '셰셰' 정도의 중국어밖에 말할 줄 모른다. 의미를 모른 채 그저 듣기만 하기 때문이다.

영어학습에서 효과적인 것은 '의미를 아는 내용'으로 공부하는 것이다. 나 역시 영어 실력을 유지하기 위해 유튜브를 본다. 그중에서도 외국인에게 국내를 소개하는 콘텐츠를 즐겨 본다. 내가 통근시간에 즐겨 보는 것은 'internationally ME'라는 동영상 채널이다. 뉴질랜드에서 자랐고 현재는 국내에 거주하는 여성이 운영하는 채널이다. 그녀는 영어발음이 정확하고, 콘텐츠 내용은 '외국인 대상의 일본관광지 가이드'이므로 일본인인 나로서는 당연히 내용이 쉽다. BBC에서 아프리카 난민이나 중동의 분쟁에 대한 이야기가 흘러나오는 것보다 눈에 익숙하고 잘 알고 있는 국내에 대한 이야기가 훨씬 이해하기 쉽고 영어도 귀에 쏙쏙 잘 들어온다.

아이가 아직 어리다면 미국의 어린이 대상 프로그램, 예컨대

애니메이션 시리즈를 보는 것도 좋다. 'The Powerpuff Girls'
나 'Teenage Mutant Ninja Turtles' 등 유튜브로 볼 수 있는 방
송도 있다.

"유튜브로 공부를?" 하고 이맛살을 찌푸릴 사람도 있을 것이
다. 하지만 지금의 초등학생은 태어난 순간부터 인터넷과 스마
트폰 세계에 익숙한 '디지털 원어민'이다. 그뿐만 아니라 태어
난 순간부터 동영상과 더불어 자란 '동영상 원어민'이다.

상식이 시시때때로 변하는 AI 시대다. 어른의 상식은 아이
들의 비상식이다. 디지털 원어민이자 동영상 원어민인 아이들
은 동영상으로 놀고 공부도 하는 게 당연한 일이다. 동영상 원
어민 세대의 상식을 이해하지 못하는 어른은 아이가 스마트폰
으로 유튜브를 보고 있으면 "뭐하는 거니? 빨리 공부 안 할 거
야?"라고 혼부터 내기 일쑤다. 이래서야 기껏 영어공부를 해보
겠다고 시도한 아이의 의욕도 시들해지고 말 것이다.

물론 기존의 참고서형 학습도 좋은 점은 있다. 하지만 동영상
에는 동영상의 장점이 있다. 참고서는 자기 속도로 읽지만, 동
영상은 동영상이 흐르는 속도에 맞춰 듣지 않으면 안 된다. 영
어학습이라는 측면에서는 '모르는 부분이 나와도 멈추지 않고
계속 듣는 것'이 효과적이다. 전체의 줄거리를 이해한다는 측
면에서 동영상이 더 좋은 점도 있다. 영어공부는 교과서와 참

고서를 펼치고 조용히 하는 것이라는 상식을 먼저 버리도록 하자.


## 'I+1(내 실력+1레벨↑)'으로
## 영어 실력을 높인다
—

내가 인풋에서 중시하는 것은, 'I+1(내 실력+one)'으로 아이들의 영어 실력을 끌어올리려는 노력이다. 'I+1'이란 아이의 현재 실력(내 실력=I)보다 한 단계 어려운(+1) 인풋을 제공하는 것이다. 조금만 더 노력하면 이해할 수 있을 것 같은 레벨이다. 아이가 흥미를 느끼고 "그게 뭔데요? 선생님, 한 번 더 말해주세요, 네?"라고 저도 모르게 되물을 정도의 인풋이다.

우리 반 아이들에게 조금 어려운 퀴즈를 낸 후에 "힌트를 말해줄까?"라고 넌지시 물으면, "잠깐만요! 말하지 마요, 힌트!"라고 다들 싫어한다. 조금만 노력하면 알 것 같은 레벨은 뇌를 자극하고 성장시키는 적당한 부담이 된다. 성장기 아이일수록 알 듯 말 듯한 레벨의 학습을 선호한다.

## 처음엔 영어그림책
## 읽어주기부터

—

2,500~4,000시간의 벽을 넘기 위해서, 가정에서 아이들이 'I+1'으로 영어를 배울 교재로 가장 좋은 것은 그림책이다. 취학 전이나 초등학생일 때 영어의 인풋 시간을 증가시킬 수단으로 그림책만큼 손쉽고 효과적인 것은 없다.

처음에는 영어그림책을 읽어주는 것에서 시작한다. 감성교육이나 아이와의 친밀감 강화에 좋을 뿐 아니라 영어 듣기, 읽기, 어휘력 등을 익힐 수 있다. 거의 완벽에 가까운 영어교육이다. 취학 전부터 가정에서 꼭 도전하길 바란다.

가정에서 그림책을 읽어준다면 추천하고 싶은 것이 『ORT(Oxford Reading Tree)』시리즈다. ORT는 영국의 옥스퍼드대학 출판국이 출판한 그림책 시리즈로, 영국의 80% 이상의 초등학교에서 교과서나 부교재로 채택하고 있다.

"영어책을 읽어주고 싶어도 발음에 자신이 없어서…"라고 걱정하는 부모라도 문제없다. ORT에는 CD, 음성파일, 글자 위를 긋기만 해도 영어가 흘러나오는 음성펜이 추가로 구성되어 있기 때문이다. 아이와 함께 읽으면서 영어 실력을 키울 수도 있다.

ORT에는 모두 200편의 이야기가 실려 있다. 키퍼, 비프, 치프 3형제와 가족 그리고 애완동물과 친구들의 일상생활을 유머러스하게 그리고 있다. 한 권당 한 가지 이야기로 구성되어 있지만, 이야기는 은근히 연결되어 있기 때문에 200편의 이야기를 싫증 내지 않고 읽을 수 있다.

단계는 1에서 9까지로 모두 10단계(1단계와 2단계 사이에 1+단계가 추가되어 총 10단계)로 레벨이 구분되어 있다. 단계별로 문장의 길이, 어휘, 문법 난이도가 달라지므로 영어 실력에 맞는 적합한 그림책을 고를 수 있다는 장점도 있다. 예컨대 처음 1단계는 각각의 이야기가 8페이지에 단어도 총 100개 정도인데, 9단계가 되면 각각의 이야기 분량은 32페이지에 단어 수 역시 총 8,000개가 넘는다.

나이별로 구분하자면 단계 1~3이 4~5세, 단계 4~6이 5~6세, 단계 7~9가 6~7세 어린이를 대상으로 한다. 그러나 이것은 어디까지나 영어가 모국어인 원어민 아이 기준이다. 비영어권이라면 중학생이나 고등학생, 경우에 따라서는 대학생이나 사회인까지도 읽고 배울 수 있다.

다만 영어그림책은 적잖이 비싼 것이 흠이라면 흠이다. 그래서 추천하고 싶은 것이 스마트폰이나 태블릿에서 사용할 수 있는 영어그림책 정액제 무제한 읽기 애플리케이션이다. 영어그림책을 정기구독할 수 있는데, 정기구독이라면 마음껏 그림책을 읽고 들을 수 있다. 게다가 애플리케이션은 텍스트를 원어민이 읽어주기 때문에 듣기와 읽기를 동시에 할 수 있다.

그림책 정기구독은 『FarFaria』를 추천한다. 2세에서 9세까지의 어린이 대상의 그림책을 들려준다. 옛날이야기, 모험담 등 장르별로 선택할 수도 있고, 레벨별로 선택할 수도 있다. 어린 이용인 만큼 사용하기 쉽게 구성되어 있다. 유료콘텐츠이긴 하지만 하루 한 권까지는 무료로 읽을 수 있으므로 한번 시도해 보기를 추천한다.

미취학 아동, 유치원생 등 세부적으로 레벨을 선택할 수 있고, 아이들의 관심사에 맞춰 장르별로도 이야기를 선택한다. 읽고 있는 부분의 단어가 밝게 표시되어 함께 소리 내어 읽기 쉽다. 종이책장을 넘기듯이 화면상의 페이지를 넘길 수 있으므로, 아이가 독서하는 기쁨을 만끽할 수 있게 만들어져 있다.

## 그림책 다독 효과를 높이는
## 세 가지 규칙
—

어느 정도 듣기 실력이 향상한 단계에서 읽기로 이동할 때 그림책 다독이 효과적이다. 외국어대학에서도 학생의 영어 실력을 높이기 위한 수단으로 그림책 다독을 하는 곳이 적지 않다. 어려운 영어책 한 권을 고생해가며 읽는 것보다 쉬운 영어그림책 100권을 읽는 편이 영어 실력 향상을 위해 효과적이다. 이것을 나는 '다독 매직'이라고 부른다.

내가 근무하는 학교의 미디어센터(도서관)에는 앞에서 말한 ORT를 비롯해 영어그림책이 다수 비치되어 있다. 수업에서 "이런 재미있는 영어책이 있는데 한번 읽어보렴" 하고 소개하면, 호기심의 스위치가 켜진 아이들은 미디어센터로 직행해 그림책을 빌려 맹렬한 기세로 읽는다. 우리 아이 학교에는 그런 도서관이 없다고 걱정할 필요 없다. 공립도서관에 가면 영어그림책을 얼마든지 빌릴 수 있다.

그림책을 선택할 때 나는 아이들에게 다음의 세 가지 규칙을 지키라고 권한다.

### 규칙① 자기가 좋아하는 장르 선택

첫 번째 규칙은 자기가 좋아하는 장르, 재미있겠다 싶은 그림책을 고르는 것이다. 동물을 좋아하면 동물이 나오는 그림책을, 모험을 좋아하면 모험을 그린 그림책을, 탈것을 좋아하는 아이라면 갖가지 놀이기구가 나오는 그림책을 고르는 것이다. '영어공부를 위해서'가 아니라 '재미있으니까' 읽는 것이 중요하기 때문이다. 좋아하는 것에 몰두할 수 있는 것은 아이들의 특권이다. 깔깔 폭소하며 혹은 키득키득 웃어가며 그림책을 즐기고 그 세계관에 몰두하는 동안 어느새 영어 실력도 높아지는 상황이 바람직하다.

### 규칙② 세 단어 룰

두 번째 규칙은 내가 '세 단어 규칙'이라고 부르는 것이다. 재밌겠다 싶은 그림책 페이지를 좌르륵 넘기며 음미할 때, 한 페이지에 모르는 영단어가 세 개 이상 있으면 그 아이에게는 너무 어려운 책이라는 규칙이다. 그럴 때는 좀 더 쉬운 책을 다시 고르는 게 좋다.

모르는 영단어가 한두 개 있으면 그림책에는 그림이 있기 때문에 상상으로 충분히 보충하면서 읽을 수 있다. 하지만 모르는 영단어가 한 페이지에 세 개 이상 있으면 그림이 있어도 내용을 이해하기엔 역부족이다. 나는 아이들에게 '모르는 단어는 굳이 뜻을 찾지 않아도 된다'고 말한다. 사전을 찾으면 갑자기 공부 모드로 급변해서 그림책 마법이 풀리고 말기 때문이다.

### 규칙③ 독서기록 노트

세 번째 규칙은 읽은 그림책에 대해 기록하고 요약하는 것이다. 나는 아이들에게 그림책의 독서노트를 기록하게 하고 있다. 그림책에 나온 영단어의 수, 그 아이 나름의 평가(5점 평가 중 몇 점?), 우리말로 간략한 요약 등 세 가지 항목을 노트에 적게 한다. 어떤 연구에 따르면 설령 영어가 아니더라도 책의 요약을 쓰면 영어가 머릿속에 잘 입력된다고 한다.

그림책의 독서노트를 쓰면, 자신이 얼마나 많은 그림책을 읽었는지를 시각화할 수 있다. 자신의 노력이 눈에 보이게 되면 아이는 자신감이 생긴다. 아직 글씨를 못 쓰는 단계의 아이라면 "무슨 이야기였어?"라고 물어보는 것만으로도 충분하다.


## 선의라는 이름으로 저지르는 잘못된 간섭

—

영어그림책을 읽어줄 때나 다독할 때 중요한 것은, 아이가 아이의 머리로 스스로 이해하게 하는 것이다. 아이가 물어보지도 않는데 지레 앞서서 "여기 있는 cloud가 무슨 뜻 같아?"라는 식으로 간섭하지 말자.

교육상 잘되라는 마음으로 한 선의의 행동이 나쁜 결과를 초래하는 경우가 종종 있다. 이를 두고, 나는 스스로 경계하려는 마음을 담아 '선의의 악마'라고 부른다. 처음부터 나쁜 뜻밖에 없었다면 진짜 악마이지만 나쁜 뜻은 없고 자각하지 못하는 만큼 '선의의 악마'가 오히려 성가시다. 아이의 영어 실력을 키워주고 싶은 선의에서 "cloud는 무슨 뜻일까?"라고 묻는다면 그림책을 통해 영어에 몰두하고 있던 아이는 현실세계로 되돌아오고 만다.

"cloud는 구름을 의미한단다. 주인공은 지금 구름 위를 날고 있는 거야"라는 어른의 친절한 설명은 쓸데없는 참견에 불과하다. 아이 자신이 별 저항감 없이 읽고 있으면, 방해하지 말고 그 세계에 몰두할 수 있도록 내버려두는 것이 최선이다.

반대로 아이가 "cloud는 무슨 뜻이에요?"라고 물어오면 "그런 건 몰라도 돼"라고 거절하지 말고 "무슨 뜻인 것 같니?"라고 되물어보자. '구름'이라는 의미란 걸 모른 채 마지막 책장을 덮더라도 그것은 그것대로 괜찮다. 아이가 머릿속에서 영어로 이해하고 있으면 그것으로 된 것이다. 그걸 가능하게 하는 것이 그림책이 갖는 '비주얼의 힘'이다.

제힘으로 그림책을 다 읽고 나면 "무슨 이야기였는지 엄마한테 말해줄래?"라고 물어보라. 아이가 신이 나서 내용을 이야기해주면, 아이의 실수를 일일이 지적하는 대신 "재밌겠다! 엄마도 나중에 읽어봐야겠다!"라고 대답해주자.

## 애매함을 극복하는 능력이
## 필요하다

—

언어 습득에서는 애매함을 극복하는 능력이 중요한데, 이를 영어로 'Ambiguity Tolerance'라고 한다. 애매함을 극복하는 능력은 아이일 때 특히 잘 발달된다. 애매함을 극복하는 능력이 있으면, 문장을 듣거나 읽었을 때 어느 정도 모르는 단어가 있어도 주저하지 않고 끝까지 읽고 요점이 되는 단어를 찾아 연결함으로써 대개의 의미를 이해할 수 있다.

반면 애매함을 극복하는 능력이 없으면, 모르는 단어가 하나라도 나왔을 때 나머지 말은 귀에 들어오지 않고 그림책이든 텍스트든 더 이상 눈에 들어오지 않게 된다. 이런 상태라면 단어를 모두 외울 때까지는 듣기도 읽기도 안 되고, 영어 실력은 좀처럼 늘지 않는 결말을 낳고 만다.

내가 그림책을 고를 때 '세 단어 규칙'을 정한 것은 모르는 단어가 한두 개일 때는 애매함을 극복 혹은 무시하고 다음을 읽을 수 있기 때문이다. 부모에게 'cloud'가 무슨 뜻이냐고 아이에게 묻지 마라는 것도 그러면 애매함을 극복할 능력이 성장하지 않기 때문이다.

바꿔 말하면 모든 단어를 이해하지 못해도 읽기를 즐기는 것은 아이들만의 특권이다. 그림책이라면 그림이 의미를 보충해준다. '우리 아이한텐 너무 어렵겠다'며 멋대로 판단할 것이 아니라 아이의 호기심에 맡겨보기 바란다.

## 종이사전이 좋을까?
## 전자사전이 좋을까?
—

나는 수업 중에 사전을 사용하지 못하게 한다. 모르는 단어와 맞닥뜨릴 때마다 사전을 찾는 것이 아니라 애매함을 참아내고 듣기가 됐든 읽기가 됐든 계속 진행하여 전후의 단어와 문맥을 통해 의미를 추측해보기를 바라기 때문이다.

물론 일영(日英)사전은 교실에 비치되어 있다. 그것은 수업시간에 일본어를 영어로 바꿔 대답하는 경우가 많기 때문이다. 그렇더라도 이것은 영어초심자 레벨의 이야기일 뿐 중학생이 되면 사전은 필요하다. 부모들로부터 곧잘 "사전을 사줘야 하는데, 역시 전자사전보다 종이사전이 좋겠지요?"라는 질문을 받는다. 누구 못지않게 ICT를 활용하고 있는 나조차도 그 질문에 대한 대답은 역시 '종이사전'이다.

왜냐하면 아이들이 마음껏 한눈팔기를 했으면 해서다. 전자

사전이나 인터넷 검색에서 모르는 단어의 의미를 조사하면 그것으로 끝이다. 한편 종이사전은 찾는 단어뿐만 아니라 그 앞뒤에 실린 단어에까지 눈길이 미친다. 그런 의미의 한눈팔기로 아이는 또 다른 새로운 단어를 만날 수 있다.

온라인서점에서는 검색해서 찾은 책을 구매하면 그것으로 끝이지만, 오프라인서점에 가면 책장에 즐비한 책들에 저절로 눈이 가게 마련이다. 그것과 마찬가지다. 전자사전이 휴대성 면에서 좋기는 하지만(종이사전과 달리 음성과 함께 공부할 수 있다는 점이 전자사전의 최대 장점), 한눈팔기로 얻을 수 있는 세계의 풍부함을 아이들이 놓치지 않기 바란다.

## 제로에서 시작하는
## 영단어학습법

—

풍부한 아웃풋을 위해서는 인풋의 토대를 탄탄하게 다져야 한다. 그러기 위해서 절대 필요한 것이 영단어 어휘를 늘리는 것이다. 그런 점에서 영단어학습도 취학 전부터 미리미리 시작하길 바란다.

그림책 다독이 Top-down식 인풋이라면, 영단어를 외우는 것은 Bottom-up식 인풋이다. 읽고 의미를 아는 영단어가 늘어나면 보다 더 수준이 높은 그림책을 읽을 수 있고 그 상승효과로 영어 실력은 향상된다.

영단어학습도 가정에서 얼마든지 할 수 있다. 여기에서는 먼저 제로에서 시작하는 영단어학습에 대해 소개하고자 한다. 영단어학습이라고 해서 '짜잔!' 하고 단어장을 펼쳐서 알파벳 순서대로 A부터 하나하나 외우는 것은 넌센스다. 일본인이 일본어를 배울 때 히라가나 순으로 단어를 배우지 않고, 한국인이 한국말을 배울 때 가나다라 순으로 단어를 배우지 않지 않은가.

취학 전의 Bottom-up식 영단어습득은 뇌에 정착하기 쉬운 단계로 실천해야 한다. 다음의 다섯 가지 단계를 추천한다. 취학 전에는 명사만 배워도 충분하다.


STEP① 영어와 모국어의 발음 차이에 익숙해져라

일단은 아이들도 잘 아는 외래어 명사에서부터 시작한다. 같은 단어라도 영어와 외래어 발음은 다름을 알려주는 게 중요하다. 가령 바나나를 먹을 때 'banana'라는 영어발음으로 말하면서 건네준다. banana는 '바나나'라고 발음하지만 영어발음으로는 [bənǽnə]', tomato는 '토마토'라고 발음하지만 영어발음으로는 [təmeɪtoʊ]로 발음된다. 그 외에도 DVD나 태블릿과 같이 아이들이 잘 아는 외래어 중에 모국어와 발음이 다른 명사는 얼마든지 있다. 같은 단언데 발음이 다르면 아이들이 호기심을 품게 된다.

영어발음에 자신감이 없는 부모는 Google번역을 활용하면 좋다. 스마트폰이나 태블릿으로 영단어를 입력하고 마이크를 터치하면 곧장 올바른 발음을 들을 수 있다.

◉ 외래어와 영어의 발음이 다르다는 사실을 알게 해주는 단어의 예

> banana, orange, tomato, chocolate, hamburger, ice cream, bed, table, bag, card, piano, DVD, mango, shopping, marathon 등

◉ Google 번역

STEP② 아는 것을 영어로 바꿔 말해보라

아이들이 아는 것을 영어로 바꿔 말하게 한다. 영어발음에 흥미를 느끼게 되었을 때, 어떤 사물이나 표현에도 호응하는 영어가 있음을 게임하듯 알려준다. 아이가 개를 가리키며 뭐냐고 물으면 'dog'라고 알려주고, 자전거를 가리키며 뭐냐고 물으면 'bicycle'이라고 알려주는 식이다. 틀림없이 아이도 단어를 여러 번 따라하며 즐거워할 것이다. 그럴 때 부모는 자신이 가르치고 싶은 단어를 억지로 강요할 것이 아니라 아이가 흥미를 보이는 것을 우선적으로 알려준다. 자신이 좋아하는 것을 영어로 말할 수 있는 데에 재미를 느끼면 이는 영어학습에 열중하는 원동력이 될 것이다.


STEP③ 장르별, 카테고리별로 기억하라

같은 장르, 같은 카테고리에 속해 있는 명사를 정리하여 외운다. 과일 카테고리라면 사과는 'apple', 딸기는 'strawberry', 수박은 'watermelon' 등으로 정리해서 외우고, 곤충 카테고리라면 나비는 'butterfly', 벌은 'bee', 개미는 'ant' 등으로 정리해서 외운다. 사과와 딸기를 따로따로 외우면 시간이 걸리지만, 뇌 구조상 같은 장르나 카테고리에 속한 것들을 정리해서 외우면 두뇌에 입력하기도 쉽다.

이 단계가 지나면 카테고리별로 사진과 영어가 병기되어 있는 언어도감을 사용해 외운다. 귀여운 일러스트로 만들어진 어린이용 도감도 있지만, 실물사진을 게재한 책이 아이들 입장에선 더 이해하기 쉽다.

### STEP④ 단어와 비주얼을 일치시키며 외워라

계속해서 도감을 이용하는 영단어학습이다. 형형색색의 과일사진이 실려 있는 페이지를 펼친 후, 부모가 'watermelon'이라고 발음해 들려주면 아이는 사진 속에서 수박을 찾아 가리킨다. 다음으로 곤충페이지를 펼쳐 'ant'라고 발음해 들려주고 개미를 찾도록 한다. CD가 추가된 도감도 있으므로 그 음성을 이용해도 좋다.

### STEP⑤ 문장 속에서 기억하라

취학 전 어린이는 ④단계까지만 해도 충분하지만, 아이가 재미있게 즐기고 있다면 마지막 ⑤단계까지 도전해보자. ⑤단계에서는 자기표현, 즉 아웃풋을 할 수 있도록 한다. 도감에서 과일페이지를 펼친 후 "Which one do you like?"라고 묻는다. 그럼 아이는 수박을 가리키며 "Watermelon"이라거나 사과를 가리키며 'apple'이라고 대답할 것이다. 혹은 "I eat a…"에 이어 'watermelon'이나 'apple'이라고 답할지도 모른다. 또 "I ride a……"에 이어 'bicycle' 또는 'train'이라고 대답할지 모른다. 이렇게 하면 명사와 더불어 동사까지 기억할 수 있게 된다.

취학 전에 영단어를 몇 개 외운다는 식의 수적 목표를 세울 필요는 없다. 수적 목표는 영어에 대한 열정과 노력의 계기는 될 수 있지만, 반대로 즐겁게 혹은 좋아서 하는 긍정적인 감정을 앗아갈 가능성도 있다. 이 무렵에는 아직 열정이나 노력은 불필요하다. 아이가 '영어는 즐겁다!' '영어가 좋다!'는 마음이 들게 하는 것이 목표다.

## '알고 있다'를 '할 수 있다'로 승화시키는
## 최강의 단어암기 트레이닝
—

취학 후에도 물론 인풋을 강화하기 위해 지속적으로 영단어 학습을 실시한다. 알고 있는 단어가 많을수록 이후 아웃풋에서의 표현의 폭이 넓어진다.

나는 전자 화이트보드에 띄운 대량의 단어 리스트를 모든 학생이 다 같이 리듬을 살려 읽는 것으로 영어 수업을 시작한다.

단어를 보는 것은 눈을 통한 인풋이고, 소리 내어 읽는 것은 귀를 통한 인풋에 해당한다. 그렇게 함으로써 단어를 기억에 정착시키는 것이다. 예컨대 다음과 같은 리스트다.

| | | | | |
|---|---|---|---|---|
| happy | sick | heavy | quiet | little |
| glad | sleepy | light | loud | strong |
| sad | sorry | dark | beautiful | weak |
| excited | surprised | thick | pretty | popular |
| fine | lucky | thin | cute | useful |
| angry | bad | cool | rich | dangerous |
| hot | good | warm | poor | scary |
| cold | great | fun | clean | free |
| interested | wonderful | funny | dirty | different |
| early | nice | interesting | fast | deep |
| late | kind | exciting | slow | real |
| busy | mean | important | soft | delicious |
| hungry | tall | famous | hard | enough |
| thirsty | short | high | difficult | the same |
| nervous | long | low | easy | |
| right | dry | new | bright | |
| wrong | wet | old | big | |
| full | expensive | young | large | |
| scared | cheap | noisy | small | |

다만 1장에서도 말했듯이 '알고 있다'와 '할 수 있다'는 다르다. 단어학습에서도 '아는 단계'에서 끝내버리면 언제까지나 사용할 수 있는 단계로 발전하지 못한다. '알고 있다'를 '할 수 있다'로 승화시키는 트레이닝이 필요하다. 그러기 위해서는 기억한 단어를 '사용해보는 것'이 중요하다. 다시 말해 '영어는 실기'다.

1. 단어장으로 단어의 의미 기억하기
2. 문맥 속에 적힌 예문을 소리 내어 읽기

이렇게 함으로써 몸이 단어를 기억할 수 있게 된다. 이때 아래와 같이 단어장에 선을 그어가며 확인하면 좋다.

1. 단어의 의미를 기억했음 → 형광펜으로 칠하기
2. 아웃풋 중에 사용할 수 있었음 → 형광펜 줄 위에 빨간펜으로 동그라미 치기

단어공부에도 '알고 있다'와 '할 수 있다' 2단계가 있다. 단어를 사용할 수 있는 수준이 되기 위해서는 시간이 좀 걸린다. 2단계를 형광펜과 빨간펜으로 '시각화'하면서 공부하면 단어를

체득했는지, 즉 몸에 정착하여 사용할 수 있는 수준이 됐는지를 항상 의식하게 된다.

단어장을 고를 때는 ABC 순이 아니라, 머리에 입력되기 쉽게 도감과 같이 장르별, 카테고리별로 정리되어 있는 것을 선택하는 게 좋다. 단어뿐 아니라 예문도 있고, CD, 애플리케이션이나 다운로드 등으로 음성데이터를 사용할 수 있는 단어장을 준비하자.


## 음독은 최강의
## 영어학습법
—

'읽기'와 '듣기'의 인풋능력을 높이기 위한 최강의 트레이닝법이 바로 소리 내어 읽기다.

ICT가 아무리 발달해도 음독(音讀)만큼 만능인 학습법은 없다고 나는 믿는다. 가령 'comfortable'이라는 단어를 보았다고 하자. 이때 우리는 무의식중에 머릿속으로 음독(음성화)하고 있다. 그 음성화를 거쳐 우리는 comfortable의 의미를 이해하게 된다.

즉, '문자를 본다 → 뇌에서 음성화 → 의미 이해'라는 프로세스를 거쳐 우리는 단어의 의미를 이해하는 것이다. 음성은 상관이 없을 것처럼 보이지만 분명히 뇌에서 반응하고 활용된다. 음독은 그 프로세스를 고속화하는 데 공헌한다. 음독을 많이 하면 읽기 실력이 향상되는 것은 이러한 이유 때문이다.

음독은 읽기 실력 뿐만 아니라 듣기 실력을 향상시킨다는 것도 연구를 통해 밝혀진 바 있다. 발음이나 연음 등을 의식하면서 하는 음독은 확실히 듣기 실력을 높여준다.

그렇다고 마냥 음독만 반복해서는 효과를 높일 수 없다. 그렇다면 어떤 식의 음독이 읽기 실력과 듣기 실력을 키우는 데 효과적일까?

여기에선 세 가지 포인트를 소개한다.


포인트① 음독하기 전에 평가자를 선정한다

가령 comfortable을 '컴포터블'이라는 외래어표기식 발음으로 소리 내어 읽어서는 언제까지나 듣기 실력은 좋아지지 않는다. 그러므로 "이 영어발음은 틀렸어!"라고 정정해줄 선생님을 선택할 필요가 있다.

'그럴 만한 사람이 주변에 없는데'라는 사람도 괜찮다. '모델음성을 철저하게 모방'하는 음독학습이 듣기 실력을 향상시켜 준다. 앞에서 그림책 애플리케이션을 추천한 것은 이 때문이다.

그림책의 영문을 읽을 때 영어음성을 그대로 모방하면서 반복해 읽어야 듣기 실력이 향상된다.

영문 음독을 연습할 수 있는 애플리케이션도 있으므로 이용하기 바란다. 스마트폰과 개인 컴퓨터로도 이용할 수 있는 '애플리케이션'에는 모든 예문에 일러스트와 음성이 첨부되어 있고, 화면과 모델의 음성을 들은 후 모델을 따라서 반복적으로 소리 내어 읽을 수도 있다.

포인트② 'I-1(내 실력-one)'으로 조금 쉬운 텍스트를 이용한다

음독은 '알고 있다'를 '할 수 있다'로 바꾸는 작업이다. 앞에서도 말했듯이 '알고 있다'가 '할 수 있다'가 되기까지는 시차가 있으므로, 'I+1'이 아닌 'I-1'로 아주 조금 쉽고 간단한 텍스트를 사용할 것을 권한다.

레벨 선정이 편리한 그림책 애플리케이션도 좋고, 중학교 1학년이라면 초등학교 6학년의 교과서를, 중2면 중1 교과서를 음독 텍스트로 삼는 것도 좋다.

포인트③ 음독은 '암송'을 목적으로 한다

음독을 한 다음에는 문장을 외워서 텍스트를 보지 않고도 암

송할 수 있도록 한다. 음독만으로 끝내는 것이 아니라 암송하는 것을 목표로 삼으면, 목표가 명확하기 때문에 뇌가 활성화되어 집중력이 올라가고 인풋도 쉬워진다. 그렇게 하면 뇌가 아무 생각도 하지 않는 상태에서 시행되는 '공염불'을 예방할 수도 있다. 힘들게 음독하더라도 '공염불'은 결국 영어의 '저축'으로 이어지지 못한다.

영어의 '저축'은 말하기에 도움이 된다. "주어가 오면 그다음엔 be동사가 오고, 그다음에 다시 명사가 와서…"라고 일일이 생각하면서 말하는 사람은 없을 것이다. 말하기란 머릿속에 인풋되어 있는 영어의 '저축'을 그때그때 적절하게 꺼내서 쓰는 작업이다.

한편 암송을 통해 머릿속에 문장을 늘려가는 것은 아웃풋의 서랍을 늘리고 영어의 '저축'을 늘리는 작업이다. 즉 음독에서 암송의 공부 패턴으로 말하기 실력도 향상시킬 수 있다. 암송에 의한 '저축'을 통해 정형화된 패턴을 대량으로 기억해두면, 필요할 때 그 일부를 바꾸기만 하면 얼마든지 대화에 활용할 수 있다. 이것을 '패턴 연습'이라고 한다.

간단한 예를 들면 'I like apples.'라는 패턴을 외워두면, 'apple'을 'banana'나 'cat' 등으로 바꾸는 것만으로 자신이 말하고 싶은 바를 표현할 수 있다. 누군가 "How are you?"라고 물어왔을 때, 우리가 대답에 어려움을 겪지 않는 것은 "I am fine. Thank you and you?"라는 패턴연습을 수도 없이 많이 반복해서 '저축'해두었기 때문이다(이 대답이 맞는가는 별개로 하더라도).

영어의 '저축'이 전혀 없는 분야에 대해 처음부터 영문을 만들며 말하는 것은 내게도 여간 힘든 일이 아니다. 내가 지금까지 영어공부를 게을리하지 않는 이유다.

**포인트④ 외운 문장은 마지막엔 꼭 쓰자!**

외운 문장은 마지막에 공책에 쓰게 한다. 이때 중요한 것은 철자는 신경 쓰지 않는 것이다. 철자를 외우는 것과 음독하는 것은 별개의 프로세스다. 철자가 맞느냐보다 빠진 단어가 없는지 혹은 쓸데없이 추가된 것은 없는지를 체크하는 것이 더 중요하다.

틀린 부분은 그만큼 이해가 부족한 부분이라 할 수 있다. 이 방법은 어떤 부분이 아이의 약점인지를 알 수 있어서 좋다. 완벽하지 않으면 '음독 → 쓰기'의 활동으로 돌아가서 될 때까지 반복한다.

이 '음독 → 암송 → 쓰기'의 학습을 반복함으로써 영어능력은 확연히 향상된다.

이제 영어를 실제로 활용할 상황을 만들기만 하면, 더욱 비약적으로 실력을 키울 수 있을 것이다.

## 발표회 스타일을 이용해
## 스피킹 능력을 키워라
—

정형문의 인풋이 가능해지면 아웃풋 연습도 가정에서 할 수 있다. 추천하고 싶은 방법은 테마를 정해두고 가정에서 발표회를 갖는 것이다. 예를 들어 아이에게 "오늘은 좋아하는 과일에 대해 발표해보자"고 과제를 주고, 가족 앞에서 발표하게 하는 것이다.

I like apples. This is my favorite fruit. Thank you.

이것을 탈 것으로 바꾸거나 동물로 바꿔서 발표하게 해도 좋다. 짧은 세 문장이라도 좋다. 당당하게 발표를 마치고 나면 박수와 칭찬을 아끼지 말자. 이것이 자신감으로 이어지고 더 잘하고 싶다는 의욕으로 이어진다. 그밖에도 다음과 같은 스피치를 시켜보자.

● **단문 3문장으로 할 수 있는 가정내 스피치**

기본패턴은 ①사실, ② 감상, ③ 앞으로의 희망, 예정으로 하여 세 가지 문장으로 발표하게 한다.

---

&lt;예 1&gt;　**오늘 먹은 음식**
I ate curry and rice.
It was delicious.
I want to eat sushi tomorrow.

&lt;예 2&gt;　**오늘 한 놀이**(또는 학교에서 배운 것)
I played catch ball.
It was fun.
I want to play soccer next time.

&lt;예 3&gt;　**갖고 싶은 것**
I want to get a doll bear.
It is very cute.
I want to play with her.

&lt;예 4&gt;　**오늘 노력한 것**
I did my homework.
It was hard.
I like math.

&lt;예 5&gt;　**내가 좋아하는 사람**
I like Ichiro.
He is cool.
I want to be a baseball player in the future.

---

## 영화로
## 영어학습법

—

영어공부를 할 때는 '무엇으로 공부하느냐'가 중요하다. 콘텐츠 내용이 영어공부의 승패를 가른다. 질이 높고 아이들의 흥미를 자극하는 콘텐츠일수록 아이들은 몰두하게 되고 덩달아 영어 실력도 향상된다. 그림책뿐만 아니라 〈디즈니〉를 좋아하는 소녀라면 미키마우스가 나오는 애니메이션을, 〈꼬마 기관차 토마스〉를 좋아하는 남자아이라면 토마스가 나오는 애니메이션을 영어로 보아도 좋다.

나 또한 대학교 때부터 대학원을 마칠 때까지 마블영화 〈스파이더맨〉의 DVD로 영어를 공부했다. 그 무렵에는 영화를 이용한 영어교육에 대해 연구를 하고 있었던 데다 〈스파이더맨〉을 너무 좋아했기 때문이다.

영화로 영어를 공부할 때 가장 효과적인 것은 '영어 음성+영어 자막'이지만, 갑작스레 도전하기는 어렵다. 영화로 영어공부할 때 가장 효과적인 방법을 소개한다.


STEP① '모국어 음성+자막'으로 본다

먼저 모국어로 더빙된 음성 혹은 자막으로 본다. 의미를 모르

면 영어가 뇌리에 들어오지 않기 때문에, 가장 먼저 줄거리와
내용을 인풋하기 위해서다.

### STEP② '영어 음성+모국어 자막'으로 본다

영어 음성과 모국어 자막으로 본다. 자막으로 의미를 확인하
면서 영어를 듣는다. ①단계를 생략하고 ②단계에서 시작해도
문제는 없다.

### STEP③ '모국어 음성+영어 자막'으로 본다

그다음은 모국어 음성과 영어 자막으로 본다. 의외라고 생각
할지 모르지만, 모국어 자막이 있으면 그쪽으로만 시선이 가기
때문에 영어음성을 놓치기 십상이다. 내 경험에 비춰보면 음성
과 자막 중 학습 효과가 높은 것은 자막이다. 그러므로 영어 자
막을 읽으면서 모국어 음성으로 의미를 파악한다.

### STEP④ '영어 음성+영어 자막'으로 본다

마지막으로 영어 음성과 영어 자막으로 몇 번씩 반복해서
본다.

나는 수업에 외화를 활용한다. 다만 나의 영어 수업은 All-

English로 진행하는 것이 기본이므로, 아이들(6학년)에게는 처음부터 4단계(영어음성+영어자막)로 보여준다. 물론 영어음성과 영어자막으로도 아이들이 이해할 수 있는 영화를 선정한다.

　아이들에게 인기가 있고 영어학습 효과도 높은 것은 스티븐 스필버그 감독의 〈E.T.〉다. 부모 세대라면 한 번쯤은 보았을 명작이지만, 아무래도 40여 년 전의 작품인 만큼 지금의 아이들에게는 되레 신선한 것일 수 있다. 영화 자체의 재미도 있지만 〈E.T.〉가 영어교육용으로 좋은 이유는 쉬운 영어를 쓰고 있기 때문이다. 우주인인 E.T.는 영어를 말하지 못한다는 설정이므로, 주인공인 엘리엇 소년은 간단한 영어만 사용한다. 그러므로 당연히 아이들도 이해하기 쉽다. '영어 음성+영어 자막'으로 보는데도 세대를 초월하는 명작이니 만큼 아이들은 금세 영화 속에 푹 빠져든다. 영화 마지막에 우주선이 E.T.를 마중 나오고, 서툴게 영어를 할 수 있게 된 E.T.가 "I'll be right here."라고 작별의 인사를 하면, 아이들은 "E.T. 가지 마"라며 주르륵 눈물을 흘린다.

　숀 펜 주연의 〈I am Sam〉도 수업에 자주 사용한다. 펜이 연기하는 샘은 지적장애로 일곱 살 정도의 지능밖에 안 가지고 있으며, 스타벅스에서 파트타임으로 일하고 있다. 그런데 딸이 일곱 살이 되어 샘의 지능을 능가하게 된다는 설정이다. 다코

타 패닝이 연기한 사랑스러운 딸은 샘에게 이해하기 쉬운 영어로 이야기한다. 초등학생도 이해하기 쉽고 장애인 문제나 인권 문제를 영어로 배울 수 있는 좋은 교재이기도 하다.

나는 영화를 수업에 사용할 때, 한 편의 작품을 네 번 정도로 나눠서 보여준다. 이때 어느 부분에서 끊을 것인가가 관건이다. 이야기가 한창 절정에 이를 때쯤, "자, 오늘은 여기까지! 다음은 내일 이 시간에!"라고 중단시킨다. 아이들은 아쉬운 맘에 항의하기도 하지만, 그로써 다음 시간에 대한 기대감을 높이고 이야기를 쫓아 영어에 몰입한다.

아이들이 아직 어려서 〈E.T.〉나 〈I am Sam〉이 어렵다면 어린이 대상의 애니메이션으로도 충분하다. 앞에서 소개했던 유튜브로 볼 수 있는 작품도 좋고, 넷플릭스에서 볼 수 있는 애니메이션도 좋다. 넷플릭스 애니메이션은 영어 음성과 자막을 선택할 수 있다. 예를 들면 〈Thomas & Friends〉나 〈Curious George〉나 〈PJ Masks〉 등 아이들도 이해하기 쉬운 시리즈가 많다.


중학교 때부터 영어를 배워도
늦지는 않다

—

학습에 장시간이 필요하다는 점을 고려하면 영어교육은 빨리 시작할수록 유리하다. 하지만 이 책의 독자 중에는 아이가 중학생 때까지 영어를 제대로 공부해본 적이 없는 경우도 있을 것이다. 중학교에 들어가서 영어를 시작하면 정말 늦은 걸까? 나는 중학교 때부터 영어를 배워도 결코 늦지 않다고 생각한다. 다시 배운다는 의미에서는 대학생도 어른도 늦지 않다. 영어공부를 시작하는 데 있어 늦은 시기란 없다.

4,000시간 원칙 외에도 조기 영어교육이 유리하다고 보는 근거가 있다. 제2언어 습득의 '임계기 가설'이라는 것이다. 임계기라고 불리는 연령이 지나면, 모국어 이외의 제2언어 습득이 어려워진다는 가설이다. 여러 연구를 통해 알려진 바로는, 임계기는 12세 전후라는 설이 유력하다. 열두 살이 되기 전에 제2언어를 습득하지 않으면 원어민 수준의 언어는 습득할 수 없다는 설이다. 이 같은 '임계기 12세설'을 내세워 중학교부터 영어를 시작하는 것은 너무 늦다는 주장도 있지만, 그 역시 '영어를 잘한다'의 기준으로는 너무 높다.

일본사람이 보기에는 내 영어가 잘하는 것처럼 들릴지 모르지만, 원어민이 들으면 잘하지만 원어민에는 못 미치는 영어일 것이다. 물론 원어민만큼 잘하면 좋겠지만, 그렇게 되기 위해서는 방대한 시간과 노력을 들여야 한다. 그렇게 해서 원어민만큼 잘하게 되더라도, 어차피 미국인이나 영국인과 겨우 같은 출발선에 선 것에 불과하다. 그렇다면 영어의 기준을 낮춰서 그럭저럭 소통할 정도의 실력을 목표로 하고 나만이 할 수 있는 다른 특기를 연마하는 데 시간과 노력을 기울이는 편이 인생 전략으로서 옳다고 생각한다.

일본에서 활동하고 있는 외국인 탤런트가 많다. 그들의 일본어는 유창하지만 우리가 보기에는 잘해도 원어민만큼은 아닌 일본어다. 그래도 문제될 건 전혀 없다. 그들은 일본어를 말할 줄 알 뿐 아니라 그 밖의 특기 분야가 있기에 탤런트로 활약하고 있는 것이다.

한 가지 더 부연하자면, 중학교 때까지 영어를 하지 않았던 만큼 그 시간을 다른 뭔가에 투자했을 것이다. 피아노 같은 음악이나 축구 같은 스포츠 분야에 자신의 시간과 노력을 들였다면, 거기에서 연마한 집중력을 영어학습에 십분 활용할 수 있다. 음악이나 스포츠 같은 분야에서 재능을 발휘하기 위해서는 끈기 있는 연습이 필요하고 한 가지 일에 몰두하는 집중력이 요구된다. 그처럼 높은 집중력으로 영어공부에 임한다면 4,000시간 미만으로도 영어를 마스터할 가능성이 높다.

축구를 예로 들면 이탈리아의 세리에 A나 영국의 프리미어리그에서 활약했던 나카다 히데토시는 이탈리아어도 영어도 유창하다. 지금도 현역으로 뛰고 있는 골키퍼 가와시마 에이지 선수는 영어, 이탈리아어, 스페인어, 포르투갈어를 일상회화 수준으로 말할 수 있다고 한다. 임계기인 열두 살을 훨씬 지나서 시작했는데도 외국어 두세 가지를 마스터할 수 있는 것은 스포츠에서 키운 집중력 덕분이리라.

영어학습의 시작이 늦어질수록 그동안 터득한 자신만의 특기분야와 관련하여 영어를 익힐 수 있다는 장점도 있다. 나카다 선수도 가와시마 선수도 축구에 대해서는 나보다 더 유창하게 영어로 말할 수 있을 것이다. 스포츠나 음악과 같은 스스로의 특기 분야를 돌파구로 삼아 그와 관련된 형태로 영어를 배운다면 더 빠르게 실력을 향상시킬 수 있다.

CHAPTER 4

# 백점받는 아이보다
# 새로운 선택지를
# 창조하는 아이로

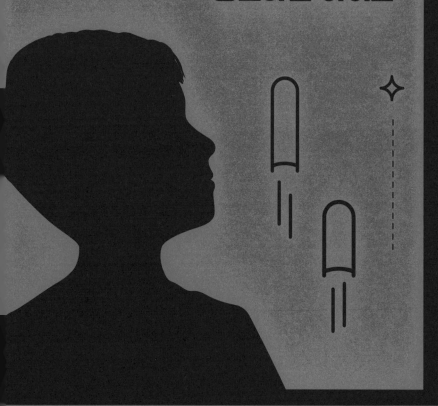

## AI 시대는
## 이미 시작되었다

—

'AI 시대를 살아갈 아이들을 어떻게 키워야 할까?' 'AI 시대를 살아갈 아이들에게 필요한 능력이란 무엇일까?' 지금까지 경험한 적 없는 시대를 맞아 많은 부모가 고민하는 문제일 것이다. 나 역시 학교 학부모회의 의뢰를 받아 'AI 시대에 대한 부모의 대응력'을 주제로 강연할 때가 있다. 강연 시작 전에 부모들에게 간단한 동영상을 보여주며 다음의 두 가지 문제의식을 가지고 동영상을 봐달라고 부탁한다.

- 이 동영상을 만든 사람은 과연 누구일까?
- 이것은 몇 년 후의 미래일까?

**동영상의 내용은 다음과 같다.**

무인의 왜건택시를 타고 장착된 고글로 현장감 넘치는 축구시합 영상을 보면서, 한 젊은 청년이 전원지역을 여행하고 있다. 그 전원지역에 사는 고령자 부부의 저택에서는 남편은 드론으로 과수원에 비료를 뿌리고 있고, 부인은 원격진료로 도시의 한 전문의의 진찰을 받고 있다.

이윽고 목적지 근처에 도착한 청년은 택시에서 내려 걷기 시작했다. 목이 마른 청년은 바로 앞에 있는 가게로 스윽 들어간다. 가게 역시 무인. 좋아하는 것을 고른 청년은 손목시계 모양의 단말기로 현금 없이 결제하고 가게를 나와 목을 축이며 다시 걸음을 옮긴다.

도중에 청년은 길을 헤매는 한 외국인 관광객과 마주친다. 외국인이 길을 묻자 청년은 역시 손목시계 모양의 단말기로 자동통역기를 작동시켜 길을 가르쳐준다.

청년은 마침내 목적지에 도착한다. 그를 맞이한 것은 조금 전 원격진료를 받던 여성이다. 청년은 "할머니!"라고 반갑게 인사한다. 그렇다, 청년은 조부모를 방문한 것이었다.

저녁 식사 후, 그는 조부모께 고글을 건넨 후 마당에서 조명과 기재들을 설치한다. 거기에는 일 때문에 바빠 오지 못한 누나가 실물과 다름없는 영상으로 등장한다. 그리고 둘이 함께 "할아버지 할머니, 금혼식 축하드려요!"라고 축하인사를 드린다.

당사자인 조부모도 깜빡 잊고 있었던 금혼식을 축하하기 위해, 그 자리에 있을 리 없는 밴드가 가상으로 등장한다. 청년과 누나도 밴드와 더불어 축하음악을 연주하기 시작하고, 드디어 시끌벅적 즐거운 금혼식이 시작되었다.

정답을 공개하자면, 이 동영상은 일본 총무성이 차세대통신규격 5G의 매력을 선전하기 위해 만든 것이다. 유튜브에서도 〈Connect future~5G로 연결되는 세계〉를 볼 수 있다. 1장에서 언급했듯이 5G로 무엇을 실현할 수 있을지는 문제 발견 능력에 달렸지만, 국가는 구체적으로 이런 미래예상도를 그리고 있음을 알 수 있다. 5G는 교육, 사회, 생활을 확연히 바꿔나갈 것이다. 이 영상을 만든 것은 '정부'라는 것이 첫 번째 물음에 대한 답이다.

다음으로 '이것은 몇 년 후의 미래일까?'라는 물음에 대한 대답은 '현재'다. 무인자동차의 실용화는 바로 코앞까지 와 있다.

부분적으로는 이미 실용화되었다. 드론은 이미 농업 분야에서 활용되고 있고 인터넷을 통한 원격의료도 시작되었다.

가게를 찾은 고객이 무엇을 샀는가를 센서로 감지하고, 계산대를 통과할 필요 없이 앱으로 계산되는 무인 AI 편의점도 있다. 대표적인 예로 'Amazon Go'라는 점포가 미국의 일부 도시에서 이미 오픈하였다. 무인AI 점포는 중국에도 있고 일본 편의점에서도 실용화를 위한 연구와 실험이 진행되고 있다. 또 외국인 관광객에게 길 안내를 할 수 있을 정도의 자동 번역기는 벌써 실용단계에 있다.

타도시 혹은 타국의 경기장에서 벌어지고 있는 축구경기와 그 장소에 있을 리 없는 누나나 밴드가 실물과 다름없는 모습으로 등장해서 금혼식을 축하하는 장면에서 사용되는 것은 MR(Mixed Reality)이라는 기술이다. 이것은 VR(Virtual Reality)의 진화형으로 현실과 가상현실을 일체화하는 기술이다. MR 전용 고글은 고가이긴 하지만 시판되고 있다.

더 이상 AI 시대는 매스컴이 만들어낸 허황된 상상도, 먼 미래의 이야기도 아니다. 바로 국가 주체로 추진하고 있으며 부분적으로는 이미 현실화되었다. 교사도 학부모도 이후의 AI 시대에 상응하는 교육이란 무엇인가를 고려하지 않으면 안 된다.

118 AI시대, 아이의 미래를 위한 영어교과서

## 만점도 정답도 없는 시대.
## 중요한 건 '새로운 선택지'를 만드는 것

—

다음도 역시 내가 강의 때 곧잘 해주는 이야기로 일종의 퀴즈다.

태풍이 몰아치는 밤, 다른 차라곤 찾아보기 힘든 산길을 당신은 혼자 소형차를 운전해가고 있다. 얼마간 달리자 버스정류장이 있고, 그곳에는 세 명이 버스를 기다리고 있었다. 막차가 머잖아 도착할 시간이었지만, 당신은 그 버스가 고장이 나서 운행을 정지한 상태라는 것을 라디오 뉴스를 통해 알고 있었다.

산중이라 스마트폰은 통하지 않고 세 사람은 아직 버스가 올 거라고 믿고 있다. 사실을 알려주기 위해 당신은 차를 세웠다가 깜짝 놀란다. 거기에는 다음과 같은 사람들이 있었기 때문이다.

- 위독한 노인(당장 병원으로 옮기지 않으면 생명이 위험한 상황)
- 이상형인 사람(이 기회를 놓치면 두 번 다시 만나지 못할 것 같은 타입)
- 생명의 은인(한때 당신의 생명을 구해줬던 사람으로 어떤 식으로든 은혜를 갚고 싶은 마음이 있는 상황)

소형차의 뒷좌석에는 짐이 가득했다. 운전수인 당신을 제외하면 조수석에 한 사람밖에 태울 수 없다. 당신이라면 어떻게 할 것인가?

청중에게 이런 퀴즈를 내면, 절반의 사람들이 '위독한 노인을 태우겠다'고 대답한다. 다음으로 많은 대답은 '생명의 은인'이고, '이상형인 사람'이라고 대답하는 사람도 몇 명 있다. 그런데 그중에는 '기타'라고 대답하는 사람도 있다. 그렇다. 나는 한마디도 '삼자택일'이라고 말한 적이 없다. 그런데도 이런 질문을 받으면 대부분의 사람은 제시된 답안 중에서 하나를 선택해야 한다고 생각한다.

나의 대답은 이렇다. 차에서 내려서 생명의 은인에게 "죄송합니다. 이 차에 위독한 어르신을 태워 가까운 병원까지 모시고 가주세요. 사정을 말하고 짐들을 병원에 일단 맡겨두고 다시 돌아와 주십시오."라고 부탁한다. 그럼 위독한 노인의 생명을 구할 수 있고 생명의 은인에게도 좋은 일을 할 기회를 줄 수 있다. 무엇보다 나는 이상형인 사람과 둘만의 시간을 가질 수 있게 된다.

지금까지는 준비된 선택지에서 정답을 고를 줄 아는 인재가 인정받았다. 상정된 일들만 생기는 세상이라면, 지시받은 대로 움직이는 지시순종형이 기업에도 좋았을 것이다. 그래서 항상 정답은 하나이고 그것만을 주입시키는 교육이 이뤄져 왔다. 그러나 AI 시대는 다르다. 변화무쌍하고 상정 외의 사건사고들이 쉴 없이 발생한다. 이런 시대에 요구되는 이는 선택지 그 자체를 스스로 만들어낼 줄 아는 인재다.

새로운 선택지를 만들어낼 수 있는 인재란, 기존의 정답에 의문을 가지고 스스로에게 질문을 던질 수 있는 사람이다. 주어진 정답을 외워 만점을 맞으면 된다는 식의 기성 개념은 어느새 아이들에게 전염되고, 결국 아이들의 성장 기회를 빼앗고 만다. 내 아이가 "이런 방법도 있어요!"라고 자유로운 발상을 제안했을 때 적극적으로 인정해줄 필요가 있다.

## AI 시대에 필요한 건
## 호기심이다

—

AI와 로봇의 조합으로 우리 사회와 생활상은 크게 달라질 것이라고 한다. 그런 뉴스를 매일 같이 보고 듣는 사이 아이들의 장래에 막연하게 불안감을 느끼는 부모들도 있을 것이다. 하지만 걱정할 필요 없다. 오히려 나는 AI 시대는 아이들에게 밝은 미래를 열어줄 거라고 낙관한다.

AI는 2020년에 인간의 지능(IQ)을 능가했다고 본다. 소프트뱅크는 2018년에 AI는 이미 인간의 IQ를 능가했다고 지적했다. 2040년에는 인터넷상이나 자동차 등의 IOT(사물의 인터넷)로 연결되는 AI의 수가 인구수를 추월하고, IQ는 1만에 달할 것이라고도 한다. 기네스북에 '세계 최고로 IQ가 높은 여성'으로 기록된 미국인 칼럼니스트 마릴린 보스 사반트는 IQ가 228이다. 현대 컴퓨터의 원형을 만들었고 '악마의 두뇌를 가진 남자'라고 불리는 물리학자 존 폰 노이만의 IQ도 300으로 추정된다. 앞으로 20년쯤 지나면 가장 두뇌가 좋은 인간의 몇 백 배 되는 지능을 가진 AI들이 우리 주변에 넘쳐날 것이다.

AI는 인간이 불편하다거나 고생이라고 느끼는 분야부터 침투한다. 의외로 잘 알려지지 않았지만, 현재 AI가 가장 많이 활용되고 있는 것은 농업 분야다.

넓은 농지를 유지하고 관리하는 것은 쉬운 일이 아니다. 동시에 고령화와 일손 부족, 후계자 부족으로 걱정이 이만저만이 아닌 것이 농업 분야의 현주소다. 그래서 등장한 것이 AI와 드론의 조합이다. AI가 드론의 비행을 컨트롤하고, 작황과 해충의 발생 상황 등을 파악하여 해충이 발생한 곳에만 농약을 살포하고, 생육이 나쁜 곳에 집중적으로 비료를 뿌리도록 하는 실험이 시도되고 있다. AI와 드론의 조합에 의한 핀포인트 농약살포기술로 재배된 '스마트 쌀'이 2018년부터 일본 내에 판매되고 있다. 농약 외에도 자동차나 전자제품의 제조업, 편의점 등의 서비스업계에도 AI와 드론은 침투될 것이다.

불편하고 고생스러운 일들을 AI에게 맡기고 나면, 인간이 할 수 있는 일로는 결국 뭐가 남을까? 고생이 많은 문제의 해결을 AI가 짊어지게 되는 시대, 남는 것은 우리 인간이 즐겁다고 느낄 수 있는 일이다. 즉 좋아하는 일을 직업으로 삼는 시대가 도래할 것이다.

문제 해결이 특기인 AI가 결코 할 수 없는 일이 있다. 그것은 제로에서 '왜?'라는 의문을 갖는 것이다. 그것은 지금까지 여러 차례 강조했던 문제 발견 능력이며, 바꿔 말하면 호기심을 갖는 일이다. 좋아하는 일을 하기 위해 필요한 것이 바로 호기심이다. AI가 활약하는 시대, 중요한 것은 인간다운 상상력이고 그것을 키워주는 호기심이다.

자신이 해야 할 일을 주어진 선택지에서 고르는 시대는 끝났다. 이제 호기심과 문제 발견 능력 없이는 자신이 몸담을 곳을 만들 수 없다. AI 시대를 맞이한 지금, 아이의 호기심과 상상력을 키워주는 것이 부모의 중요한 역할 중 하나다. 가장 확실한 방법은, 부모 자신이 다양한 것에 흥미를 가지고 새로운 도전을 계속함으로써, 아이가 자연스럽게 다양한 체험을 하도록 하는 것이다.

ICT는 시간과 거리의 벽을 없애준다. 영국의 대영박물관이나 미국의 메트로폴리탄미술관 등에서는 VR기술을 응용하여 전시물을 눈앞에서 볼 수 있도록 현장감 넘치는 서비스를 개시하였다. 비행기를 타고 직접 보러 가지 않더라도 학교나 집에서 해외의 명작을 마치 눈앞에 있는 것처럼 감상할 수 있게 된 것은 ICT 기술 덕분이다.

하지만 ICT에 결정적으로 빠져 있는 것이 실물을 직접 만져보는 실질적 체험이다. VR기술이나 MR기술로 식물원의 식물을 볼 수는 있어도, 잎의 감촉이나 향기는 느낄 수 없다. 자연 속에서 식물을 직접 만져보고 향기도 맡아보았을 때 비로소 실질적 체험이 되고, 머릿속에 정보로서 인풋된다. 그리고 "똑같아 보이는데 왜 이 식물과 저 식물의 이파리 촉감이 다르지?"라는 의문도 생긴다. 이런 사실적 체험이 아이들의 호기심과 상상력을 키워준다.

평소 집에서 공부나 게임만 하는 아이들을 휴일에라도 산책, 여행, 캠프 등에 데리고 나가자. 도시락을 싸들고 가까운 공원에 나가 자연과 접촉하는 것만으로도 아이의 호기심은 자극되고 '왜?'라는 의문을 갖는 계기가 될 것이다.

# AI 시대에 필요한 건
## '독특한 캐릭터화'

—

AI 시대에는 다른 사람에겐 없는 그 사람만의 매력을 얼마나 가지고 있는가가 중요하다. 그것을 개성이라고 부른다. AI 시대가 되면 사람들은 AI나 로봇에게는 없는 인간적인 매력을 좇게 되어 그와 관련한 사업이 번창하고 부가 따르게 될 것이기 때문이다.

2014년, AI를 연구하는 영국 옥스퍼드대학의 마이클 A. 오즈본 준교수는 10~20년 사이에 AI가 대체하게 될 직업 리스트를 공표하였다. 오즈본 준교수에 따르면, 미국 노동성의 자료에서 700가지 이상의 직업을 분석한 결과, 10~20년 안에 미국 총고용자의 약 47%의 직업이 자동화될 위험이 크다고 한다. AI가 대체하게 될 직업으로는 택시운전사, 은행의 창구업무, 보험판매원, 콜센터 오퍼레이터, 모델 등이 제시되었다.

택시운전사를 예로 들어보자. 자동운전기술이 진화하여 목적지까지 정확하고 안전하게 데려다주는 기술이 확립되면 택시는 무인화될 것이다. 그렇다 하더라고 택시운전사의 수요가 완전히 제로가 되지는 않으리라 생각한다. 단순히 이동만 하는 거라면 AI 택시로도 충분하겠지만, "비행장까지의 이동시간이 너무 길어. 기왕에 가는 거 A씨가 운전하는 택시로 재밌게 이야

● AI가 대체하게 될 주요 직업

| | |
|---|---|
| 전화영업원 | 택시운전사 |
| 수선재봉사 | 법률사무소의 사무원, 비서 |
| 부동산브로커 | 계산원 |
| 세무신고서 작성자 | 신용카드심사원 |
| 경리담당자 | 소매영업원 |
| 데이터입력자 | 의료사무원 |
| 보험계약 심사원 | 모델 |
| 부동산 중개업자 | 콜센터 오퍼레이터 |
| 대출 심사원 | 방문판매원 |
| 은행창구업무원 | 보험판매원 |

● 살아남을 주요 직업

| | |
|---|---|
| 사회복지사 | 초등학교 교사 |
| 청각훈련사 | 심리카운슬러 |
| 작업요법사 | 인사매니저 |
| 구강외과의 | 컴퓨터시스템 분석가 |
| 내과의 | 학예원 |
| 영양사 | 간호사 |
| 외과의 | 성직자 |
| 안무가 | 마케팅책임자 |
| 세일즈엔지니어 | 경영자 |

＊ 영국 옥스퍼드대학, 마이클 A. 오즈본 준교수의 논문 「미래의 고용」에 제시된 직종에서 발췌

기나 나누며 가야겠다"라는 새로운 니즈가 생겨나기 때문이다. 그럴 때 중요한 것이 그 사람만의 인간적인 매력이다.

내가 수업에서 AI가 사람을 대신하게 될 직업에 대해 말했더니 한 남학생이 "선생님, 전문 요리사는 살아남을 수 있을까요?"라고 물어왔다. 그 학생의 부모는 식당을 운영하고 있는데, 자신이 요리사가 되어 가업을 잇고 싶은 모양이었다. 오즈본 준교수가 발표한 AI가 대신하게 될 직업 리스트에 요리사가 들어 있진 않았지만, 이미 회전초밥을 로봇이 만들고 있고 중국에서는 주문부터 조리, 서빙, 계산까지 모두 AI와 로봇이 해내는 로봇레스토랑이 인기를 끌고 있다. 햄버거나 우동 같은 패스트푸드는 머지않아 대부분이 자동화될 게 분명하다.

그래도 나는 "전문 요리사는 절대 없어지지 않을 거야"라고 대답했다. AI가 만든 초밥이 아니라 '초밥은 이 요리사가 만들어야 제맛이지!'라고 생각하는 사람들은 반드시 있기 때문이다. 나는 '○○씨가 만든 요리가 먹고 싶어!'라고 생각할 수 있는 훌륭한 요리사가 되도록 노력하렴" 하고 그 아이를 격려했다.

인간적인 매력을 어떻게 높일까? 키워드는 '독특한 캐릭터'다. 다이아몬드가 비싼 것은 희소성 때문이다. 인간적인 매력도 마찬가지다. 희소성 있는 캐릭터일수록 그 가치가 높아진다. 교육개혁자 중 한 사람인 후지와라 가즈히로 씨는, "100만 명 중 한 명에 해당하는 보기 드문 캐릭터가 되기 위해서는, 100명 중 한 명 수준의 특기 세 가지를 가지고 있으면 된다"라고 했다. 나도 그 생각에 찬성한다.

한 가지 분야에서 100만 명에 한 명꼴의 수준이 되는 것은 하늘의 별 따기다. 하지만 100명 중 한 명 정도의 특기 분야 세 가지를 가질 수 있다면, $100 \times 100 \times 100 = 100$만 명 중 한 명 수준의 희귀한 캐릭터가 될 수 있다. 나는 이것을 '2류의 기둥 세 개'라고 표현한다.

나 역시 국내외에서 강연을 요청받게 된 것은, 영어×ICT×퍼실리테이터(강연이나 회의의 진행, 조력자)라는 세 가지 분야에서 '그만그만한 실력'을 가지고 있기 때문이다. 나보다 영어를 잘하는 선생님은 얼마든지 있고, ICT나 퍼실리테이터에서도 나보다 뛰어난 사람은 많다. 하지만 이 세 가지를 그만그만하게 잘하는 사람은 드물기 때문에, 주위에서 내가 높게 평가받는다고 생각한다.


## 키워드는 '시간', 중요한 건 '그만두게 할 용기'
—

아이의 가능성은 무한대다. 어느 분야에서 재능이 꽃필지 알 수 없으므로 운동, 음악, 예술 등 아이에게 여러 가지를 배우도록 하는 부모가 많다. 어떤 배움이 됐든 배워보지 않으면 그 재미를 알 수 없다. 앞에서 잠깐 언급했던 '콜라의 맛' 비유대로다. 아이에게 다양한 체험을 시키는 것은 멋진 일이다. 다만 동시에 '그만둘 용기'도 중요하다.

"서당 개도 3년이면 풍월을 읊는다"는 속담이 있다. 인내심을 가지고 노력하면 언젠가는 보상받게 된다는 의미인데, 이 속담은 시대착오적이다. 왜냐하면 지금 시대의 키워드는 '시간'이기 때문이다. 속담처럼 3년씩이나 같은 일을 반복하고 있으면, 그사이에 시대는 변하고 결국 3년의 노력이 물거품이 될 가능성도 얼마든지 있는 시대다.

아이가 다니던 학원을 그만두고 싶다고 말하면 "한번 시작한 일을 금방 포기하면 못써! 애써 여기까지 왔는데 계속해야지" 라고 설득하는 부모가 많으리라. 하지만 지금 시대에 '포기하지 않는 것'이 반드시 미덕인 것만은 아니다.

야구선수 이치로는 초등학교 6학년 때의 꿈이 메이저리그 선수였다. 축구선수인 혼다 케이스케는 초등학교 졸업기념 작문에서 "세계제일의 축구선수가 되겠다. 유럽의 세리에 A에 들어가 레귤러 선수가 되어 10번을 달고 활약할 것이다"라고 썼다. 두 사람 모두 포기하지 않고 노력한 끝에 꿈을 이뤘다. 하지만 같은 꿈을 가지고도 이루지 못한 사람은 수만, 수백만이 넘는다.

아이들의 잠재력은 무한대지만 시간은 유한하다. ICT의 발전 덕분에 노력과 시간은 줄이고 효율성은 높아진 결과, 방대한 시간이 주어졌다. 그 시간을 무엇에 쓸 것인가가 아이들의 미래를 결정한다. 전체의 자유시간은 증가하였지만 그런데도 시간이 유한하다는 데에는 변함이 없다.

AI나 로봇이 진화할수록 앞서 말한 것처럼 인간다운 개성이 중시된다. 그 개성을 키우는 것이 우리 자녀세대가 배워야 할 배움이다. 무엇에 시간을 투자할 것인가? 포기하지 않고 꾸준히 하는 것도 일종의 미학이지만, 그 미학에 아이의 인생을 거는 것이 과연 좋은 일일까? 아이가 질려서 그만두고 싶다고 호소하는데 "일단 시작한 일, 도중에 그만두면 안 돼!"라고 한다면, 헛된 일일지 모를 일에 아이의 귀중한 시간을 낭비할 우려도 있다. 그 이상 억지로 계속한다고 해도, 이미 싫증이 나서 아이의 동기부여가 사라진 상태에서 실력이 향상될 리 없다.

내가 초등학교 때 다녔던 곳은 펜글씨 학원이었다. 줄곧 그만두고 싶었지만, 부모님의 설득에 못 이겨 졸업 때까지 6년간 계속해서 다녔다. 부모님은 힘들게 학원비를 마련해주셨는데, 내

태도가 잘못된 건지 6년간 배우고도 글씨는 좀처럼 나아지지 않았다. 그 시간을 다른 것에 투자했더라면 얻은 것이 좀 더 있지 않았을까 하는 아쉬움을 금할 길이 없다.

학원이든 동아리 활동이든 꾸준히 노력한 끝에 성공한 시점에서 미덕이 될지 모르지만, 과연 그것으로 괜찮을까? 시간은 유한하기 때문에 뭔가를 그만두지 않는 한 새로운 것에 도전할 수 없다. 현대에는 배움의 기회는 무한하고 선택지는 산처럼 쌓였다. 아이가 뭔가에 도전했다가 '그만두고 싶다'고 하면, 다음의 뭔가에 도전할 기회를 주는 것도 한 가지 방법이라고 생각한다. 그렇게 100명 중 한 명 수준의 특기 분야를 한 가지, 두 가지, 세 가지 늘려서 100만 명 중 한 명꼴의 희귀한 캐릭터로 성장시키기 바란다.

## 인간적인 매력을 키우는 세 가지 만남
—

나는 인간의 매력을 키우는 토양으로 크게 세 가지가 있다고 생각한다.

첫째는 사람과의 만남이다. 무엇보다도 사람은 사람을 만남으로써 변화한다. 내가 매력적인⁽²⁾ 교사가 될 수 있었던 것은, 지금까지 매력적인 선생님들의 가르침을 받아왔기 때문이다. 애초에 교사가 되겠다고 결심했던 것도, 선생님들로부터 '선생님'이라는 일의 훌륭함을 배웠기 때문이다. 최종적으로 결단을 내린 것은 나 자신이지만, 한편으론 주변의 영향에 의해 결심한 측면도 있다. 만일 내가 훌륭한 기업가와 많은 만남을 가졌더라면 지금쯤 기업가가 되어 있을지도 모른다. 좋은 경찰관을 많이 만났다면 경찰관이 되어 있을 수도 있다.

내 아이를 축구선수로 키우고 싶다면 축구선수와 만날 기회를 만들어주는 것이 제일이다. 성공한 사람을 접촉할 기회가 많으면 많을수록 나도 할 수 있다는 기분이 든다. 스포츠에선 이를 '배니스터 효과'라고 부른다.

한때는 인간이 1마일⁽약 1.6㎞⁾을 4분 미만에 달리는 것은 무리라고 생각했었다. 에베레스트 등정이나 남극점 도달보다 어렵다고까지 했다. 하지만 옥스퍼드대학 의학부의 학생이었던 로저 배니스터는, 과학적 트레이닝을 거듭한 끝에 세계에서 최초로 4분의 벽을 깼다. 그랬더니 그 1년 후에는 다섯 명의 선수가 줄줄이 4분의 벽을 깼다. 참고로 현재 1마일 달리기의 세계기록은 3분 43초 13이다.

일본의 육상계에서도 남자 100m 달리기에서 1998년에 이토

코지 선수가 10초 00으로 일본의 신기록을 세운 이후 20년 가까이 갱신되지 않았다. 그런데 2017년에 기류 요시히데 선수가 9초 98로 일본인으로선 최초로 9초대를 기록하자, 2019년에는 사니 브라운 압델 하키무 선수, 고이케 유키 선수가 그 뒤를 이었다.

홈파티를 열거나 엄마아빠의 지인을 동원하는 것도 성공한 사람과의 만남을 늘리는 방법이다. 연구자, 파일럿, 화가, 요리 연구가, DJ 등 아이들이 평소 접한 경험이 없는 분야의 사람들을 만날 수 있을지 모른다. 색다른 분야의 어른을 만나면 아이는 큰 자극을 받는다.

다양한 사람과 만나 자극을 받는다는 의미에서도 영어를 배울 가치가 있다. 우리말만 하는 우리나라 사람만이 아니라 영어를 말하는 외국인과도 적극적으로 교류할 수 있게 되면, 인간적인 매력을 넓혀갈 계기가 될 수 있기 때문이다. 예컨대 홈파티에 외국인 친구를 초대해서 영어로 대화를 나눌 수 있다면, 잠깐이나마 유학 온 기분을 맛볼 수 있다.

그렇다고 위대한 누군가를 만나야 한다는 말은 아니다. 지금의 나는 내일의 나를 모른다. 고대 그리스의 철학자 헤라클레이토스는 "만물은 유전(流轉)한다"며 "누구도 같은 강물에 두 번 발을 담글 수 없다"는 말을 남겼다. 부모가 꾸준히 새로운 도전을 시도하여 나날이 성장하는 모습을 보이면, 아이는 매일 새로운 아버지와 어머니를 만날 수 있다. 그 역시 아이에게 새로운 만남이 되고 성장으로 이어진다.

두 번째로 아이를 성장시키는 것은 책과의 만남이다. 수업 중에 아이들에게 어떤 사람을 만나고 싶으냐고 물으면, 대부분은 '성공한 사람'이라고 답한다. 가슴이 두근거릴 정도의 성공 비결을 알고 싶은 것이다.

하지만 이치로 선수나 모 기업 회장 등의 유명인을 교실로 초대하기란 쉬운 일이 아니다. 더욱이 스티브 잡스처럼 이미 세상에 없는 사람을 만나기란 불가능한 일이다. 그래도 명실공히 성공한 사람들이 쓴 책이나 그들에 대해 써놓은 전기는 얼마든지 읽을 수 있다. 그러니 아이들이 책을 읽고 싶어 할 환경을 만들자. 책을 읽으라고 아무리 강요해도 아이들은 그냥 읽지 않는다. 부모가 열심히 책을 읽는 모습을 보여주는 것이 독서를 좋아하는 아이로 키우는 지름길이다.

성공한 사람들의 일생을 엮은 책에는 그들이 일생을 통해 쌓았던 지혜와 체험의 에센스가 집약되어 있다. 책을 통해 그것들을 접함으로써 아이들은 귀중한 배움을 얻을 수 있다. 그리고 독서에는 문제 발견에서 빼놓을 수 없는 상상력을 키워주는 힘도 있다.

가령 소설에 "두 사람이 선상에서 맞이하는 최초의 아침이 찾아왔다. 문을 열고 발코니로 나가자 거기에는 안다만해의 멋진 경치가 펼쳐져 있었다"라는 문장이 있다고 하자. 영화에서라면 발코니에서 바라다보는 바다의 영상이 비치고 그만이겠지만, 소설이라면 스스로 그 장면을 상상하며 읽어나가야 한다. 그 과정에서 AI 시대에서 중시되는 상상력을 키울 수 있다.

세 번째는 비일상과의 만남이다. 아이들에게 비일상이란 집과 학교 그리고 학원을 오가면서 경험할 수 없는 체험이다. 학교에서 수학여행을 가는 것은 학생들에게 비일상적인 체험을 해주기 위해서다. 교사 입장에서 솔직히 말하면, 생각지 않았던 문제가 발생할 수도 있고 수학여행에는 여러 위험이 도사리고 있다. 가능하면 안 가고 싶지만, 그 위험을 감수하더라도 비일상의 체험이 갖는 효과가 크기 때문에 단단한 각오와 함께 출발하는 것이다.

비일상을 맛본다는 체험형 학습으로, 학교에서는 수학여행이나 운동회 같은 행사가 주를 이룬다. 그에 비해 가정에서는 비일상 체험의 시도가 훨씬 쉽고 일상적으로 가능하다. 역설적인 말일지 모르지만, 비일상은 일상 가까이에 존재한다. 멀리 여행을 가지 않더라도 평소 다니던 길을 멀리 돌아서 간다거나 평소와는 다른 마켓으로 쇼핑을 간다거나 하는 것에서도, 감수성이 풍부한 아이들은 비일상을 체험한다. 빙 돌아가는 귀갓길에 발견한 작은 공원에 세워진 어느 시비를 보고, 그 시와 시인에 대한 흥미를 갖게 될지도 모른다. 평소에 가는 대형마켓이 아니라, 재래시장의 생선가게에 들러 신기하게 생긴 생선들을 보다가 어쩌면 생물학에 대한 관심도가 급상승하게 될지도 모르는 일이다.

### '무슨 말을 하느냐'가 아니라
### '누가 말하느냐'가 중요하다

—

AI 시대에 요구되는 인간적 매력은 누구나 말할 수 있는 것이 아니라 '그 사람만의 이야기를 할 수 있느냐'다. 나는 졸업 직전에 아이들이 영어로 스피치를 하도록 한다. 선택된 아이만 하는 것이 아니라 120명 졸업생 전원이 스피치를 한다. 스피치를 준비할 때 무엇보다 중요한 것은 무엇을 말할지 내용을 정하는 것이다.

스피치 내용은 아이 스스로 정하는 게 원칙이지만, 가령 '영어를 잘하면 이런 점이 살아가는 데 도움이 된다고 생각합니다' 식의 내용은 원고 작성 단계에서 내가 퇴짜를 놓는다. 영어가 어떻게 도움이 되는지 같은 일반론은 누구나 말할 수 있다. 일반론이 아니라 그 아이만이 해줄 수 있는 생생한 이야기를 들려주길 바라기 때문이다. 무슨 일이든 자기 일이 되면 진지해지기 마련이므로 그만큼 스피치 또한 열중할 수 있다. 계획을 짤때, 나는 아이들에게 다음과 같은 규칙을 지키도록 요청한다.

- 인생에서 가장 인상에 남는 일을 주제로 할 것
- 인상에 남는 일을 통해 배운 점을 두세 가지로 정리하여 말할 것

자기만이 말할 수 있는 주제에 대해 생각을 정리하면, 원고 작성 단계에서부터 눈물을 흘리는 아이가 많다. '정말 좋아했던 할아버지가 돌아가셨다'거나 '절친한 친구와 크게 싸웠다'는 심금을 울리는 기억이 되살아나기 때문이다.

아무리 영어를 배웠다고는 하지만 초등학생 6학년이 영어로 뭔가를 쓰면서 생각한다는 것은 역시 어렵다. 설령 100개의 아이디어가 있더라도 영어로 쓸 수 있는 것은 고작해야 10개 정도다. 1단계에서는 생각나는 모든 아이디어를 우리말로 종이에 옮겨 적게 한다. 그것을 나는 '모수를 확장시키는 작업'이라고 부른다. 모수가 많을수록 풍부한 스토리가 만들어진다. 그

런 다음 관련된 아이디어끼리 선으로 연결하면서 조금씩 전체상을 만들어간다. 이것은 매핑(Mapping)이라는 작업이다.

매핑이 끝나면 "이 부분은 재미없으니까 과감하게 삭제하자" "여긴 포인트니까 좀 더 확대하는 게 좋지 않을까?" 등의 조율을 거쳐 원고를 교정한다. 우리말로 스토리가 완성되었다면 영어로 고쳐서 반복적으로 스피치 연습을 한 후 드디어 본선 진출이다.

스피치에 나서기 전에 나는 자신의 이야기를 하는 것이 얼마나 중요한가를 아이들이 스스로 깨닫기 바라면서 다음과 같은 대화를 나눈다.

"선생님이 지금 여러분한테 야구방망이를 휘둘러 보라고 하면 할 거예요?"

"안 해요. 선생님은 체육이 아니고 영어 선생님이잖아요."

"그렇지? 근데 만일 이치로 선수가 드르륵 저 문을 열고 들어와서 방망이 치는 연습을 해보라고 하면?"

"당연히 해야죠!"

"그렇죠? 선생님하고 이치로 선수가 똑같은 말을 해도 여러분이 받아들이는 방식은 전혀 달라요. 이것처럼 '무엇을 말하느냐'가 아니라 '누가 말하느냐'가 중요한 거예요."

아이들이 고생해서 영어로 쓴 스피치 원고를 내가 스르륵 넘기면서 말한다면 그 가치는 떨어질 수밖에 없다. AI가 대신 읽는다면 누구에게도 감동을 주지 못한다. 자기 자신만이 엮어낼 수 있는 이야기를 스스로 말할 수 있는 능력이야말로 AI 시대에는 크나큰 가치가 된다.

## 암기가 목표였던 교육은 끝났다

—

AI 시대의 학력은 시험점수로 측정되는 것이 아니다. 시험은 교사가 설명한 내용, 교과서에 적힌 내용을 얼마나 외웠는가를 확인하기 위한 것이다. 앞으로의 교육에서는 그런 암기를 위한 암기는 안 된다. 시험점수를 목표로 하는 교육은 이제 끝이다. 교육의 트렌드는 '지식'에서 '경험'으로 이동 중이다.

어떤 것에 대해 의문이 생기면 어른들은 어떻게 하는가? 컴퓨터나 스마트폰을 열고 Google에서 검색부터 할 것이다. 교사 또한 수업 준비를 위해서 Google을 활용한다. 컴퓨터나 스마트폰이 바로 옆에 있고 와이파이만 터지면 언제든지 인터넷에 접속할 수 있는 시대에 인터넷 검색만 하면 금방 아는 내용을 고생해서 암기할 필요는 없다. 그럴 게 아니라 다른 공부에 시간을 써야 하지 않을까. 암기의 필요성이 물론 전혀 없는 것은 아니지만, 옛날처럼 암기를 절대시하는 시대는 끝났다는 이야기다.

내가 만일 사회과 수업을 한다면, '청동기시대는 기원전 2000년~1500년경에 생겨났으며, 철기시대는 기원전 300년 무렵부터 서기 300년경까지'라고 기계적으로 알려주기보다 "청동기시대와 철기시대 중 어느 시대에 살고 싶은지, 그리고 그 이유는 무엇인지 이야기해볼까?"라는 과제를 아이들에게 제시할 것이다. 그러면 아이들은 청동기파와 철기파로 나뉘어 각각의 시대에 어떤 생활을 하며 살았는지 철저히 조사한다. 인터넷을 통해 검색만 해도 상당한 자료를 모을 수 있다. "1주일 후에 왜 그 시대가 좋은지에 대해 서로 토론해보도록 하자!"라고 제안하면, 서로 비교하고 토론하기 위해서 상대팀의 시대에 대해서도 조사할 것이므로, 양쪽 모두에 대한 이해는 깊어질 수밖에 없다. 그 과정에서 시대 구분은 자연스럽게 머리에 입력된다.

앞으로는 이처럼 행동을 통해 지식을 얻는 체험형 학습이 증가하게 될 것이다. 가정에서도 아이들에게 기회를 주어 다양한 체험을 할 수 있도록 하자.

## 필요한 것은
## 미래를 대비하는 기술
—

시험점수나 암기로 측정되는 것이 아니라면, AI 시대의 학력은 과연 어떻게 측정될까? '문제 발견 능력'과 '행동력' 이외의 분야를 점검해보도록 하자. 아이들이 글로벌 시대, AI 시대를 살아가기 위해 요구되는 능력으로, 2018년 일본의 마이크로소프트가 정의한 것이 'Future-ready Skill(미래를 대비하는 기술)'이다. 그것은 다음의 여섯 가지 능력을 의미하는데, 교육관계자가 현장에서의 교육목표로 삼을 수 있는 각 학습 도달 정도를 나타내는 평가기준도 공표하고 있다.

① **논의하는 힘** : 프레젠테이션능력을 발휘하여 자신의 의견을 효과적으로 전달한다. 외국어를 구사하여 국제적으로 다양한 장면에서 활약할 수 있다.

예 대화적 학습, 정보활용능력, 영어 4기능, 협동적 학습

② **협동하는 힘** : 임의의 멤버와 공동작업이나 협동작업을 실행할 수 있다. 멤버와 협동하여 새로운 일을 창조해냄으로써 단시간에 프로젝트를 수행할 수 있다.

예 협동적 학습, 대화적 학습, 정보활용능력

③ **의문을 놓치지 않는 사고력** : 논리적 사고를 활용하여 보고서나 논문을 문서와 표 등을 이용해 작성할 수 있다. 청중의 반응과 이해도를 ICT로 분석하면서, 퍼실리테이트(회의 등에서 합의형성을 촉구하는 행동)할 수 있다.

예 논리적 사고력, 정보사회에 참여하는 태도, 협동적 학습

④ **창조성** : 창조력을 토대로 영상, 화상, 3D의 제작물을 자유롭게 제작할 수 있다.  예 협동적 배움

⑤ **호기심** : 원격지 혹은 해외에 있는 다양한 멤버들과도 호기심을 발휘하여 협동작업을 할 수 있다.  예 대화적 학습, 정보활용능력

⑥ **계산론적 사고** : 대량의 데이터를 분석하고 그래프화하는 등 증거에 기초한 설명을 할 수 있다. 프로그램언어와 사고를 구사하여, 논리적인 창작물을 시행착오를 거치면서 완성할 수 있다.  예 프로그래밍, 정보활용능력, 정보사회에 참여하는 태도

이상의 여섯 가지 능력을 과연 암기만으로 습득할 수 있을까? 시험에서 높은 점수를 받기 위한 수업으로 익힐 수 있을까? 모두 아니다. 그렇지만 앞으로의 시대에 확실히 필요한 스킬들이다. 미래를 대비하는 기술을 익히기 위해 보다 더 활발히 활용되는 것이 ICT이며, 체험을 통해 배우고자 하는 태도다.

이번에 GTP TOP 10에 이름을 올릴 수 있었던 '마인크래프트'를 활용한 수업도 그 대표적인 예라 할 수 있다.


## 수줍음이 많거나 내성적인 아이라도
## 행동력을 높여줄 수 있다

—

미래를 대비하는 기술로서 동료와 협력하여 일을 추진하는 능력이 중요하다. ① 논의하는 능력과 ② 협동하는 능력이 이에 해당한다. '협동적'이라는 말은 미래 시대의 키워드라 할 수 있다. 왜냐하면 AI 시대라 해도 혼자서는 어떤 일도 달성할 수 없기 때문이다. 커뮤니케이션이나 팀워크를 통해 프로젝트를 추진하는 능력이 요구되는 경향은 작업 내용이 복잡하고 고난도일수록 강해진다.

그럴 때 자칫 좌절할 수 있는 사람이 타인과 적극적으로 접촉하는 것을 힘들어하는 수줍음이 많거나 내성적인 타입이다. 수줍음이 많은 사람은 실패를 두려워하는 탓에 영어가 잘 늘지 않는다고 이야기했는데, 그대로 가면 협동하는 능력도 향상되기 어렵다.

수줍음이 많거나 내성적인 것은 성격이다. 성격이라서 바꿀 수 없다고 말하는 사람이 많다. 하지만 성격은 바꿀 수 없어도 행동은 얼마든지 바꿀 수 있다. '수줍음은 많아도 실패를 두려워하지 않는' 행동도 있을 수 있고, '내성적이지만 수업 중에는 스스로 손을 드는' 행동도 있을 수 있다.

새롭게 6학년에 올라온 아이들 중, 새로운 분위기에 익숙해지지 못해 어깨에 힘이 잔뜩 들어간 아이들이 있다. 수줍음이 많거나 내성적인 아이들이 그런 경향을 강하게 보인다. 나는 성격이 아니라 행동을 바꾸기 위해서 이런 시도를 한다. 아이들에게 가장 친한 친구와 팀을 이루게 하여 1분 동안 자유롭게 이야기를 나누도록 한다. 1분이 지나면 "1분 동안 둘이서 5대 5로 이야기를 나눴니? 그런 팀은 손 들어!"라고 묻는다.

하지만 대등한 양을 이야기한 팀은 소수에 불과하다. 결국은 더 외향적인 타입이 이야기의 주도권을 쥐게 되고, 수줍음이 많거나 내성적인 아이는 애매한 맞장구만 칠 뿐 대등한 대화를 주고받지 못한다. 그럴 때 나는 "대화를 나누는 거니까 5대 5로 이야기하는 게 좋아. 그걸 의식하면서 1분 더 이야기를 나눠보도록!" 하고 충고한다.

그래도 입을 꾹 다물고 있는 아이가 있으면, 주도권을 쥐고 있는 외향적이고 적극적인 타입의 아이에게 "상대 친구에게 질문을 해줄래?"라고 요청한다. 무(無)에서 뭔가를 이야기하기 힘든 수줍거나 내성적인 아이라도 자신에 대해 질문을 하면 대답은 할 수 있다. 가정에서도 아이에게 하나둘 질문을 하여 '말하고 싶은 것'을 내면으로부터 끌어내주는 것이 중요하다(5장에서 다시 서술하기로 한다).

수줍음이 많거나 내성적인 아이가 말하느냐 안 하느냐는 인간관계에서 영향을 받는 부분도 있다. 외향적이며 적극적인 아이는 누구와도 친근하게 이야기를 주고받지만, 그렇지 않은 아이는 엄마와는 이야기를 잘하는데 아빠와는 잘 못한다거나 친한 친구와는 대화를 나누지만 그렇지 못한 친구와는 잘 못하는 경우가 생길 수 있다.

수줍음이 많거나 내성적인 아이 중에는 외동이 많고 가까이 지내는 어른이 많지 않은 경우가 많다. 그럴 때는 아이가 다양한 사람과 만날 수 있는 기회를 만들어주자. 가족끼리 친하게 지내는 사람들을 불러 홈파티를 연다면, 아이는 학교의 동급생과는 다른 성향의 사람들과 만날 수 있다. 어른들이 화기애애하게 술잔을 기울이며 온화한 분위기를 자아낸다면, 초면이라도 아이들은 의외로 금방 친해지게 마련이다. 동급생과 달리 어떤 속박이나 제약이 없는 관계라면 활발하게 대화도 나누고, 함께 어른들의 요리 준비나 뒷정리를 도울 수도 있을 것이다. 그것이 행동을 바꾸는 계기 중 하나가 될 수 있다.

아이의 환경에 변화를 주는 것도 한 가지 방법이다. 수줍음이 많거나 내성적인 아이에게는 말하기 쉬운 환경과 그렇지 않은 환경이 있다. 집에서 어머니가 "오늘 학교에서 무슨 일이 있었어?"라고 물어도 "딱히"라며 딴청을 피우던 아이가, 반려견과 산책을 하면서 같은 질문을 하면 "사실은 이런 일이 있었는데…"라며 마음을 털어놓을지 모른다.

만나는 사람이나 처한 환경을 바꿔주면 수줍음이 많거나 내성적인 아이의 행동을 바꿔줄 수 있다. 이는 협동에 적합한 능력을 키우는 기회로 연결될 것이다.


## 집에서 향상시킬 수 있는
## 세 가지 기술

—

미래를 대비하는 기술 중에서 '의문을 놓치지 않는 사고력' '창조성' '호기심' 이렇게 세 가지는 가정에서도 적극적으로 키울 수 있다. 할 일은 간단하다. 아이가 제기한 의문의 답을 알고 있더라도 곧장 가르쳐주지 않으면 된다.

아이는 항상 "왜?" "어떻게?"라는 질문을 달고 산다. 그것을 부모가 함께 조사하고 생각함으로써 '의문을 놓치지 않는 사고력'이나 '호기심'을 키우고 나아가 '창조성'으로 이어진다. 답을 금방 가르쳐준 덕분에 "우리 아빠 척척박사야"라는 존경을 아주 잠깐 받을지 몰라도, 아이의 의문을 놓치지 않는 능력은 키워주지 못한다.

함께 조사하고 생각할 때 피해야 할 것은, Google 검색으로 단숨에 끝내버리는 것이다. 반드시 "그런 의문을 갖다니 대단한걸! 도서관에 가서 알아볼까?" 하고 아이의 손을 잡고 도서관에 가서, 도감이나 백과사전 등을 활용해서 조사해보자. Google이면 정답은 손쉽게 알 수 있지만, 중요한 것은 정답 그 자체가 아니기 때문이다. 도감이나 백과사전을 이용해 조사하는 동안 다른 항목에도 눈이 가고, 그것에 대한 호기심에 잠시 한눈을 팔 수도 있다. 그러는 동안 연쇄반응으로 의문이 의문을 낳게 된다. 그럼 아이들은 의문과 호기심을 품고 세상을 바라볼 줄 알게 된다.

부모와 아이가 한눈을 팔면서 어느덧 정답에 이르게 되었을 때, 아이에게는 "왜 그렇게 되는지 아빠한테 설명해줄래?"라고 부탁해보자. 아이는 신이 나서 설명해줄 것이다. '타인에게 가르친다, 설명한다'는 프로세스를 통해 배움은 강화된다. 타인에게 뭔가를 배웠더라도, 인터넷이나 책을 통해 배웠더라도 다음 날이면 그것의 90% 이상을 잊어버리게 된다고 한다. 하지만 배운 것이나 깨달은 것을 다른 사람에게 설명하는 과정을 거치면 지식으로 정착되게 된다.

어떤 의문을 가졌는가? 그에 대한 어떤 답을 찾았는가? 이에 대한 답을 적어보자. 아이가 어려서 혼자 쓰기가 어렵다면 부모가 대신 써주자. 의문을 품는 능력을 '시각화'하여 아이가 어른의 '멋지다!' '훌륭해!'라는 칭찬을 스스로 인정할 수 있게 하자.

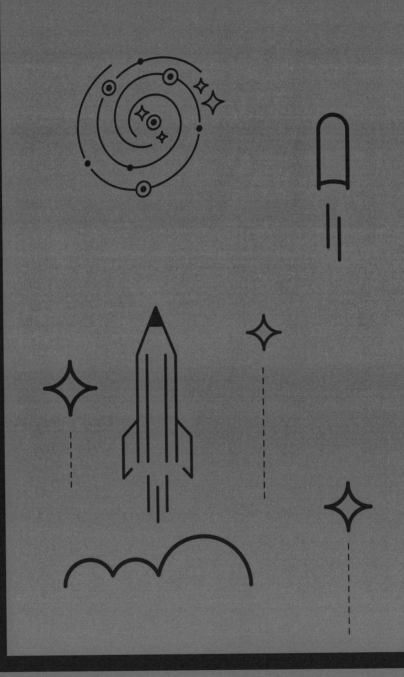

# CHAPTER 5

# 아이의 자존감을 살리는 부모
# 아이를 기죽이는 부모

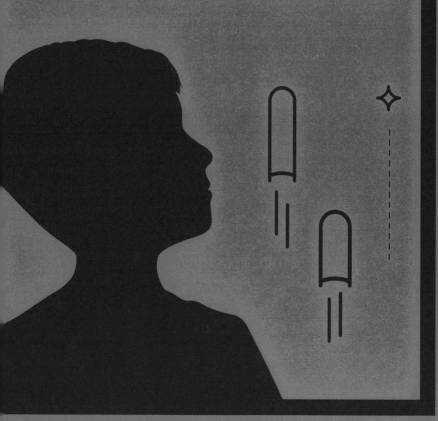

## 학력의 가치는 떨어지고
## 공부의 가치는 올라가고

—

지금까지 '학력사회'가 지속되어 왔지만, 앞으로는 학력의 가치는 서서히 떨어지게 될 것이다. 다른 사람에게 없는 자유로운 발상으로 문제를 발견하거나 새로운 선택지를 만들어낼 수 있는 사람이 요구되는 때가 되면 어느 대학에서 공부했느냐보다는 '당신은 어떤 사람인가?'가 필수요건이 될 테니 말이다. 그렇더라도 '학력 부족=공부 불필요'라고 착각하는 것은 '학력=공부를 잘한다'는 학력사회의 발상에 아직 묶여 있다는 증거다. 공부는 학력을 높이기 위해서 하는 것이 아니다.

지금까지는 공부를 열심히 해서 높은 시험점수를 얻고 높은 편차치(표준점수)를 내는 것을 요구하는 교육이 나라를 이끌어왔다. 그 편차치로 합격하고 더 높은 랭크의 대학에 가는 것이 일반적이었다. 하지만 그런 시대는 끝나고, 타인과 비교해서 얻어지는 편차치가 아니라 자신이 '하고 싶은 일'을 위해 대학을 선택하는 시대가 시작되었다. 그것을 위해서 '해두어야 할 일'의 하나로 '공부'는 빼놓을 수 없다.

대학을 선택할 때는, "iPS세포 연구를 하고 싶어. ○○교수가 있는 ○○대학으로 가야겠어!"라는 발상이 작용할 수 있다. 그러기 위해 고등학교 때부터 생물학을 공부하는 것은, 결코 '○○대졸'이라는 학력이나 지명도를 얻고 싶어서가 아니다.

앞으로는 대학을 가지 않는다는 선택을 하는 아이들이 늘어날 것이다. 빌 게이츠는 하버드대학 재학 중에 마이크로소프트사를 설립하였다. 마크 저커버그도 같은 하버드대학 재학 중에 Facebook을 창업하였고 그 후 중퇴하였다. 우리나라에서도 대학생 신분으로 벤처기업을 일으킨 경우가 증가하고 있고, 앞으로는 고등학생 때 창업하여 대학에 진학하지 않는 사람도 흔해질 것이다. 그런 창업가들에 대한 평가는 대학을 나오지 않았다는 이유로 떨어지거나 하지 않는다.

그렇다고 이른바 명문대학에 가는 이점들이 없다는 건 아니다. 화려한 학력을 얻기 위해 명문대학에 가는 시대는 끝났지만, 명문대학에는 그 학교에서만의 배움이 있다. 국내 유수의 명문대학, 하버드대학이나 옥스퍼드대학 같은 해외의 명문대학에는 우수한 교수진이 있고 우수한 학생들이 모여 있다. 그곳에서 우수한 교수와 학생들과 함께 하는 동안, '개인'으로서의 저력과 인간적인 매력을 연마할 수 있다. 또 대학시절의 교류를 통해 배양한 인맥은 얻기 힘든 생애의 재산이 될 것이다.


## '하고 싶은 것이 없다'는 아이를 바꾸는 세 가지 단계

—

편차치 기준으로 대학을 선택하는 시대가 끝나고, 앞으로의 대학 선택은 '하고 싶은 일을 이룰 수 있는가?' '개체로서의 힘을 연마할 수 있는가?'라는 기준으로 결정될 것이다.

그런데 아이가 '하고 싶은 일'이 없다고 해서 걱정이라는 부모들의 탄식을 가끔 들을 때가 있다. '하고 싶은 일'이란 바꿔 말하면 '좋아하는 일'이다. 그렇다면 사람은 어떠한 계기를 맞았을 때, 뭔가를 좋아하게 되고 그것이 '하고 싶은 일'로 바뀔 수 있을까? 나는 거기에는 세 가지 단계가 있다고 본다.

- STEP 1 : 눈앞의 일에 도전한다.
- STEP 2 : 그것에 몰두한다.
- STEP 3 : 그것을 계속한다.

'도전 → 몰두 → 계속'을 거치면, 그것이 최종적으로 자신이 '좋아하는 것'이 되고 '하고 싶은 일'로 바뀌게 된다. 어른은 많은 인생 경험을 축적해온 만큼, 자신의 기호나 취향에 근거해서 '좋아하는 일'이나 '하고 싶은 일'이 무엇인지 대개 알고 있다. 그런 이치를 염두에 두고 모험에 도전해보는 시도를 잊어서는 안 될 것이다.

반면 아이들에게는 거의 모든 것이 처음 경험해보는 것들이다. 그러니 무엇이 자기가 '좋아하는 것'이고 '하고 싶은 일'인지 명확하게 알 수 없는 것이 당연하다. 우선은 가까운 것에서부터 도전해보는 자세가 필요하다. 아이가 〈호빵맨〉 프로를 보기 좋아하는 것은 TV를 보다 보니 호빵맨이 좋아졌기 때문이다. 처음부터 호빵맨이 좋아서 TV를 본 것은 아니라는 것이다.

경험이 풍부한 어른들은 "그건 관심 없어"라거나 "내 취향이 아니야"라고 단정 짓고 지레 싫다고 결론 짓는 경향이 있다. 어른은 자신이 '좋아하는 일'에서 지속할 수 있는 뭔가를 찾아내고자 한다. 하지만 아이들의 프로세스는 정반대다. 지속할 수 있는 것이 '좋아하는 것'이 되고, 그것이 '하고 싶은 일'로 바뀌게 된다. 그 차이를 이해해야 한다.

나의 경우를 예로 들면, 대학 때까지는 아이들을 가르치는 일은 '좋아하는 일'의 범주에 들어가지 않았다. 싫다고 단정 지을 수 있을 만큼 잘 알지 못했으므로, 깊이 배워볼 마음으로 대학원에 진학했다가 그 매력에 빠지고 말았다. 교단에 서본 뒤에는 더더욱 매료되었다. 어른에게도 그런 일이 생길 수 있다. 하물며 잠재력 덩어리인 아이들은 무엇이 계기가 되어 '좋아하는 것'이나 '하고 싶은 일'을 찾게 될지 모르는 일이다.

부모가 아이를 위해 할 수 있는 일은 공부, 예능, 스포츠, 독서, 여행, 미술관이나 박물관 순회 등의 선택지를 가능한 한 많이 제시하고 거기에서 '도전 → 몰두 → 계속'의 세 가지 단계를 밟아 '좋아하는 것'을 발견할 기회를 만들어주는 것이다. '몰두'도 '계속'도 할 수 없는 것은, 4장에서도 말했듯이 부모가 그만두게 할 용기를 내주고 아이가 다음 도전을 할 수 있도록 기회를 만들어주자.

## 아이와의 유대감을
## 높인다

—

언어권과는 상관없이 정답이 없는 질문이 있다. 그것을 "규칙이니까"라거나 "옛날부터 그래"라고 대답하는 것을 나는 그다지 좋아하지 않는다. "왜 I 다음에는 is가 아니라 am이에요?"와 같이 대답하기 힘든 질문에는, 솔직하게 "선생님도 잘 모르는데, 같이 알아볼까?"라고 대답한다.

아이들이 던지는 정답 없는 질문은 아이와 함께할 수 있는 절호의 기회다. 그것을 헛되이 흘려버리지 말자. 사소한 것이라도 아이와 함께 알아보고 노력하는 것이야말로 아이의 성장과 직결된다.

"같이 알아볼까?"가 아니라 "선생님이 알아볼게"라는 대답으로 그 순간을 지나치고, 다음 날 결과만 툭 알려주는 것은 결코 친절하다고 말할 수 없다. 설령 아이가 "선생님 안 잊어버리셨네요? 감사합니다" 하고 고마워하더라도, 아이와의 유대감을 높일 수 있는 절호의 기회를 놓쳐버린 것이므로 결코 잘한 행동이라 할 수 없다.

아이가 방과 후 "집 열쇠를 잃어버렸어요"라고 울면서 교무실로 찾아온다면? "학교 분실물센터에 물어볼까?"라고 묻는 대신, "선생님이랑 같이 찾아보자"라고 아이를 안심시키는 것과 같다. 그뿐만 아니라 "넌 3층을 찾아볼래? 선생님은 1층부터 찾아볼 테니까"라고 역할을 분담하지 말고, 둘이 함께 찾아나서는 것이 좋다. 열쇠를 찾는다는 목적을 위해서는 두 사람이 역할을 분담해서 하는 편이 효율적이다. 하지만 둘이 함께 열쇠를 찾는다는 프로세스가 아이와의 유대감을 높일 수 있는 기회를 제공해준다.

아이와 함께하고 연결되는 것을 내가 중요시하는 이유는 "영어공부 열심히 해!"라는 아주 일상적인 말도, 그것을 '누가 말하느냐'가 관건이 되기 때문이다. 어떤 말이든 '누가 하느냐'가 중요하다는 것은 4장에서 말한 대로다. 비상근직으로 영어만 가르치기 위해 학교에 와서 아이들과 접하는 시간이 짧은 교사와 나처럼 담임을 맡아 아이들과의 유대관계를 구축해온 교사가 동시에 "영어공부 열심히 해!"라고 말했을 때의 아이들의 반응은 그야말로 천지 차이다.

아이들은 자연히 '우리 선생님 말씀이니까, 열심히 해야지!'라고 내심 다짐하곤 한다. 내가 아무리 GTP TOP 10에 선발되었다고 해도, 전혀 알지도 못하는 초등학교에 불쑥 찾아가 첫날부터 최고의 영어 수업을 할 수 있노라고 자만할 수는 없다. 교육에서는 '무엇을 말하는가?'보다 '누가 말하는가?'가 훨씬 중요할 때가 많기 때문이다.

그런 점에서 부모에게는 아이와 함께하며 유대감을 키울 기회가 헤아릴 수 없이 많다. '아이가 도대체 말을 안 듣는다'고 한탄하기 전에 아이와의 유대감을 높이려는 노력을 얼마나 했는지 돌아보기 바란다. 아이와의 유대감이 낮다고 생각된다면, 아이가 정답이 없는 황당한 질문을 던지더라도 귀찮아하지 말고 함께 찾아보고 고민해주자. 가능하면 도서관에 함께 가서 찾아봐도 좋고, 미술관이나 박물관에 함께 들러보는 등의 행동을 통해 지식을 얻는 체험을 많이 할 수 있도록 기회를 만들어주자.


## "널 위해서 하는 말이잖아!"는 No Good

—

집에서 공부는 안 하고 게임만 하는 아이, 숙제는 던져놓고 스마트폰으로 만화나 소설만 읽는 아이가 있다고 하자. 그럴 때 부모는 뭐라고 할까? 혹시 다음과 같이 말하진 않을까?

"숙제 좀 해라. 숙제는 해야 할 거 아냐! 엄마가 널 위해 그러지, 나 좋자고 그러니?"

초등학교 저학년 때까지는 그래도 부모 말씀을 순순히 따르는 아이가 많다. 하지만 초등학교 고학년이 되어 머리가 굵어지면 다음과 같이 말대답을 한다.

"그럼 내가 포기하면 되겠네요!"

"난 딱히 공부 잘하고 싶은 마음 없어요."

그렇게 대답하는 데에야 뭐라 할 말이 없다. '너를 위해서 하는 말'이라면, 정작 본인이 포기하고 그래도 좋다고 생각한 순간, 공부할 이유는 사라진다. '널 위해 하는 말'이라는 말은 언뜻 아이를 걱정해서 하는 말 같지만, 사실은 아무 의미가 없는 말이다. '엄마 마음도 좀 이해해 줘!'라는 메시지에 지나지 않는다. 그렇기 때문에 "포기하면 되겠네요!"라는 반론에 대답할 말을 잃게 되는 것이 아닐까.

그리고 이 말이 옳지 않은 또 하나의 이유가 있다. 그것은 공부는 원래 '자기 자신을 위해' 하는 것이 아니기 때문이다. 나는 공부란 원래 자기 이외의 누군가를 돕기 위해 하는 것이라고 믿고 있다. 그렇게 생각하면 눈앞의 작은 욕망에 져서 공부를 게을리하면, 결국 위기에 놓인 누군가를 돕지 못하게 된다는 것을 의미한다.

사람은 누구나 혼자서는 살아갈 수 없다. 다른 누군가를 돕고 싶다는 이타적이고 협동적인 행동을 선택하는 것은 인간의 유

전자에 새겨진 본능과 같은 것이다. 아이들도 "공부는 다른 누군가를 위해서 하는 거야!"라고 말하면 "아, 그렇지!"라고 이해해주니 기특하다. 이런 사고방식을 내게 가르쳐준 것이 후쿠자와 유키치의 『학문의 권장』이다.

『학문의 권장』에 나온 "하늘은 사람 위에 사람을 만들지 않았으며 사람 아래에 사람을 만들지 않았다"라는 말은 너무나 유명하다. 그런데 그다음에 이어지는 내용은 이렇다. 사람은 평등하게 만들어졌건만, 현실에는 현명한 사람, 어리석은 사람, 가난한 사람, 부유한 사람이 있다. 그 차이는 '배운 자와 배우지 않은 자'의 차이에서 나오니 평등한 사회를 만들기 위해서 더 열심히 공부하자고 강조한다.

아이들이 자유롭게 공부할 수 있는 환경이 갖춰져 있다는 것이 얼마나 고마운 일인지 모른다. 맨 처음에 소개했던 케냐의 피터 선생님의 활동에서 알 수 있듯이, 지금 이 순간에도 아프리카의 여러 나라에서는 아이들이 귀중한 노동력으로 취급되는 경우가 많고, 학교에 가는 것조차 불가능한 아이가 많다. 그들은 아무리 공부해서 누군가를 돕고 싶다는 꿈을 가져도 이룰 수가 없다. 누군가를 돕기 위해 공부할 수 있는 환경을 가졌다는 것은 그만큼 은혜로운 일이다.

공부가 누군가를 돕기 위해서 하는 것이라면, 어른이기 때문에 공부를 안 해도 된다는 논리는 통하지 않는다. 우선은 부모 자신이 꾸준히 뭔가를 배우는 모습을 아이에게 보여주도록 하자. 어학도 좋고 ICT 기술도 좋고 무엇이든 좋다. 부모가 항상 자녀를 지켜보듯이 아이도 부모를 지켜보고 있다. 부모가 공부에 열중하는 모습을 본 아이는 부모가 '공부해라 공부해'라고 입 아프게 말하지 않아도 언젠가 스스로 말없이 공부하게 될 것이다.

북미나 유럽에서는 대학을 졸업하고 일을 시작한 이후에도, 자신의 커리어 향상을 위해 다시 대학이나 대학원에 진학해 공부하는 것이 일반적이다. 이런 것을 '리커런트(Recurrent, 회귀) 교육'이라고 한다. 2017년의 OECD(경제협력개발기구) 조사에 따르면, OECD회원국의 리커런트 교육의 실시비율은 평균 11%. 영국이 15%, 미국은 14%에 달하는 반면, 일본은 가맹국 36개국 중 최하위로 그 비율은 2.4%에 지나지 않는다. 요컨대 일본은 어른이 별로 공부하지 않는 나라라는 말이다.

이러한 상황을 바꾸기 위해 2017년에는 정부가 리커런트 교육의 확대와 재원투입을 약속했다. 일본에서도 리커런트 교육을 받을 수 있는 환경이 차츰 개선되기 시작했다. 아이들이 열심히 하기 바란다면, 어른이 열심히 하는 모습을 보여주는 것이 최선의 길이다. 물론 음악이나 운동 같은 간단한 배움에서 출발하는 것으로도 충분하다.


## "무엇을 위해 공부해요?"라는
## 질문에 대한 답은?
—

"왜 공부해야 돼요?"라는 질문은 아이들이 학교에서 가장 자주 하는 질문이다. 그에 대한 나의 대답은 앞에서도 말했듯이 "언젠가 누군가를 도와주기 위해서"다. 그럼 "수학으로 어떻게 사람을 도와요?"라거나 "사회를 배우면 대체 누구한테 도움이 되는데요?"라는 등의 질문이 쏟아진다. 누구나 어릴 때 "이런 공부가 장래에 무슨 도움이 될까?"라는 소박한 의문을 가져본 적이 있을 것이다. 이 질문에는 회피하지 말고 진지하게 대답해줄 필요가 있다.

어른은 낭비 없이 효율적인 것을 좋아한다. 하지만 효율이 높고 낮다는 발상은, 일에 대해서는 맞는 표현일지 모르나 공부나 인생에는 반드시 들어맞는 건 아니다. 특히 어릴 때는 효율을 따질 필요가 없다.

아이의 공부에서는 그 속도나 효율이 아니라 '배움의 과정에서 어떤 좋은 배경을 보았는지'가 중요하다. 어릴 때를 돌이켜보기 바란다. 선생님이 중요하다고 꼭 외우라고 했던 것은 전혀 생각나지 않지만, 그때 선생님이 하셨던 농담이나 예로 들어준 이야기는 이상하게 기억에 남아 있지 않은가? 언뜻 보기에 효율이 떨어지고 헛되어 보이는 일이 장래에 어떤 형태로든 도움이 되는 경우는 적잖게 존재한다.

헛됨의 필요성을 아이들에게 이해시키기 위해, 내가 곧잘 사용하는 비유가 있다. 마루에 깔린 30cm 폭의 레드카펫을 상상한 후 그 위를 곧장 걸어가는 게임을 한다. 보통은 누구라도 어려움 없이 30cm 폭의 카펫에서 벗어나는 일 없이 걸을 수 있다. 다음은 카펫을 간 30cm 폭의 길 외에 아슬아슬 깎아지른 낭떠러지를 배경에 추가한다. 그런 다음 아이들에게 한 발이라도 헛디뎠다가는 절벽 아래로 떨어지는 상황을 상상하게 한다.

그 상상을 한 순간, 아이들은 불현듯 두려워져서 한 발짝도 걸음을 떼지 못하게 된다. 간신히 공포를 극복하고 걸음을 떼어놓더라도 어느 지점에선가 마음이 동요되어 걸음이 멈추는 순간이 있다. 30cm 폭의 레드카펫을 안심하고 똑바로 걷기 위해서는 30cm 폭의 카펫만으로는 부족하다. 그보다는 지면에 충분한 넓이가 있고 자칫 걸음을 헛디뎌도 절벽 아래로 떨어지지 않을 것이라는 안심감이 있을 때 비로소 자유롭게 걸음을 뗄 수 있다.

나는 배움이란, 앞으로 걸어가게 될 레드카펫의 폭을 조금씩 넓히고 절벽 아래로 떨어질 걱정을 없애는 작업이라고 생각한다. 훗날 어떤 도움이 될지 모르고 지금 당장은 헛되다 생각되는 일을 배우는 것이, 머잖아 지식과 경험이 될 뿐 아니라 인간으로서의 폭을 넓혀 자신감을 가지고 앞으로 나아갈 버팀목이 되어준다. 그 행동은 새로운 문제를 발견하는 능력을 키우는 동시에 누군가를 도울 수 있는 길로 우리를 안내한다. 어린 시절의 헛됨의 필요성을 아이들뿐만 아니라 어른들도 기억해두길 바란다.

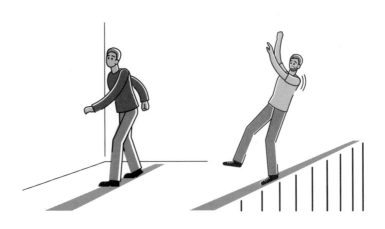

같은 30cm 폭의 길이라도, 마루 위의 길을 걷는 것과 좌우가 깎아지른 낭떠러지 길을 걷는 것에서 느끼는 불안과 공포감은 전혀 다르다.

## 결과가 아닌 과정을,
## 성공이 아닌 노력을 칭찬하라

—

"아이의 자기긍정감을 키워주자. 그러기 위해서는 작은 성공 체험을 반복하게 하고, 목적을 달성하고 성공했을 때 맘껏 칭찬해줌으로써 하면 할 수 있다는 자신감을 갖게 하자."

이런 주장을 자주 듣는다. 그런데 정말 그럴까? 나는 반드시 그런 것은 아니라고 생각한다. 주목해야 할 것은 '성공이 아니라, 거기에 이르는 과정에서 얼마만큼 노력했는가?'라고 믿기 때문이다. 성공과 노력을 주축으로 해서 결과를 보면 다음의 네 가지 측면이 있다.

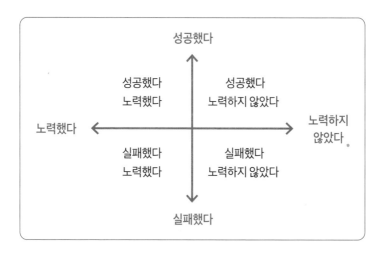

성공했을 때 무조건 칭찬해야 한다면, 노력하지 않았는데 성공한 아이도 칭찬해야 한다. 그러면 아이는 자신의 행동이 옳았다고 우쭐해질 뿐이다. 부모에게 잘한다고 칭찬만 들어서 결국 노력도 하지 않게 된 아이들을 나는 질리도록 보았다.

머리도 좋고 재주도 많은 아이들 중에는 노력하지 않아도 좋은 성과를 내는 아이도 있다. 그런 아이는 "난 뭐든 잘할 수 있어. 부모님도 선생님도 칭찬해주셨어. 더 노력할 필요 없어"라고 착각한다. 그 단계에서는 그나마 괜찮다. 하지만 단계가 올라가면 상황은 달라진다. 노력하는 습관이 없으면 경쟁할 여력을 잃고, 좋은 머리나 재주만으로는 대항할 수 없게 된다.

중요한 것은 성공했느냐 실패했느냐의 결과가 아니라 그것을 위해 노력을 얼마나 했느냐. 어느 연구에서는 책을 1시간 읽으면 칭찬해주기로 한 그룹과 시험에서 일정 점수 이상을 맞으면 칭찬해주기로 한 그룹으로 나누어 성적의 향상 정도를 비교하였다. 그 결과, 책을 1시간 읽으면 칭찬해주기로 한 그룹의 성적 향상이 더 좋았다고 한다. 즉 결과보다도 과정을 인정해주는 편이 아이를 더 성장시킬 수 있다는 말이다. 이것은 교사로서의 나의 신념과도 일치한다.

성공이라는 결과만 가지고 칭찬하면 무엇이 나쁜가? 이유는 두 가지다. 첫 번째 이유는 실패를 너무 두려워한 나머지 좋은 결과가 예상되는 일에만 도전하게 된다. 실패는 문제를 발견하기 위한 아주 드문 체험이다. 또 '알고 있다'를 '할 수 있다'로 전환하기 위해서도 실패는 반드시 필요하다. 일단 실패를 두려워하게 되면 마이너스다. 두 번째 이유는 지기 싫어하는 아이로 자라기 때문이다. 다른 사람보다 좋은 점수를 맞고 다른 사람 위에 오르고 싶다는 경쟁심만 커지게 된다.

이 두 가지는 연결되어 있다. 지는 것을 궁극적으로 싫어하는 사람은 새로운 도전을 두려워한다. 도전하지 않으면 실패할 일도 없고, 누군가에게 질 일도 없기 때문이다. 그래서 지기 싫어하는 사람은 지레 도전을 포기한다.

그렇다면 노력도 안 하고 실패한 경우는 어떻게 해야 할까? 이럴 때야말로 호되게 꾸짖어야 하지 않을까. 아이도 자기가 잘못했다는 걸 알기 때문에 혼났다고 해서 기죽지는 않는다. 혼나면 아이의 의욕이 떨어진다는 말은 교육을 너무 단순화하는 발언이다. 노력해서 성공한 경우에는 노력에 중점을 두고 칭찬해야 한다. 그것은 곧 자신감으로 이어지고 자기긍정감은 높아진다. 결과적으로 '다음에도 열심히 노력해야지!'라고 결심하게 된다.

무엇보다 반드시 칭찬해주어야 하는 경우는, 노력했는데도 실패했을 때다. 아이의 진정한 성장을 바란다면 노력한 사실을 칭찬해주자. 노력했지만 시험점수가 나빴다 하더라도, 화를 내거나 혼내지 말고 격려와 칭찬의 미소를 지어주자. 그 순간 아이는 '실패해도 괜찮구나' 하고 안심한다. 그리고 두려움 없이 새로운 일에 도전하게 된다. 그것이 문제 발견 능력을 키우고, 이윽고 '알고 있다'를 '할 수 있다'로 승화시킬 수 있다.

반면 "그렇게 열심히 했는데 왜 점수가 이 모양이야?"라고 혼내는 것은 최악이다. 아이는 생각지 못한 안타까운 결과에 의기소침해 있을 게 분명하다. 그럴 때일수록 칭찬에 칭찬을 더해도 부족함이 없다. "매일 열심히 했어, 장해!" "이걸로 끝난 게 아니잖아? 기운 내!" "점수보다 중요한 게 있는 거야."라고 밝은 목소리로 격려해주자.

성공이냐 실패냐의 결과는 시험점수 등으로 수치화될 수 있다. 하지만 노력이라는 프로세스는 수치화할 수 없다. 언제나 가까이에서 아이의 노력하는 모습을 지켜봐 준 어른만이 아이의 노력을 평가해줄 수 있다. 노력의 프로세스를 보지 않고 시험점수라는 결과만으로 칭찬하거나 꾸짖는 것은 아이의 의욕을 북돋아주지 못한다. 노력하는 과정을 칭찬받았을 때 아이는 비로소 '아빠엄마가 나를 지켜봐주고 있구나!' 하고 안심하고 기쁨을 느낀다. 그리고 의욕도 자기긍정감도 높아진다.

## '시각화'로 아이의 자기긍정감을
## 키워라

—

부모들 중에는 "우리 아이가 학교에서 문제를 일으키거나 하지 않나요?"라고 걱정스레 묻는 이도 있다. 그렇게 묻는 부모는 아이를 '좋다' 혹은 '나쁘다'가 아니라, '나쁘다' 혹은 '나쁘지 않다'로 판단하는 것처럼 보인다. 아이를 부정적으로만 보기 때문이다.

'좋은 점이 있는지'가 아니라 '나쁜 점이 있는지'를 찾고자 하면, 아이의 노력이나 변화를 놓치게 될 우려가 있다. 부모에게 "아이의 어떤 점을 보고 싶으세요?"라고 내가 물으면, 대부분은 "노력하는 모습을 보고 싶어요"라고 대답한다. 그것이 본심이라고 생각한다.

자신감이 없는 아이는 대부분이 칭찬에 서툴다. '칭찬에 서툴다'는 말은, 칭찬을 받는데도 칭찬을 받는다는 사실을 자각하지 못하는 것을 의미한다. 그리고 재밌는 것은 아이는 자기긍정감이 낮아서 칭찬에 서툰 것이 아니라 칭찬에 서툴기 때문에 자기긍정감이 낮다는 사실이다. 자기긍정감이 높다고 다 좋은 건 아니지만, 너무 낮으면 자신 있게 새로운 일에 도전하지 못한다.

아이를 칭찬함으로써 자기긍정감을 높여주는 방법으로 효과적인 것은 칭찬하고 싶은 부분을 시각화하여 아이가 눈으로 볼 수 있게 하는 것이다. 나는 칭찬하고 싶은 일을 시각화하기 위해, 아이의 좋은 점이나 노력한 점을 구체적으로 기록해서 아이에게 건네준다. 이때 언제나 빨간펜을 사용한다. 과학적인 근거는 없지만, 컴퓨터로 작성해서 인쇄해 주기보다 손으로 직접 쓰는 것이 마음을 전달하는 데 훨씬 효과적이라고 믿기 때문이다. 디지털과 동영상에 익숙한 아이들도 왠지 손글씨를 더 좋아한다. 게다가 교실에서 아이들이 보는 앞에서 당당하게 적는다. 코멘트를 적는 모습을 보여주는 것도 '칭찬받고 있다'는 실감을 더해줄 수 있기 때문이다.

내 경험상 남자아이는 "○○○에 열중하는 네 모습에서 선생님은 가능성을 본다"라고 한 가지 일에 전념하는 모습과 미래의 가능성을 칭찬해주면 좋아하고, 여자아이는 "○○를 할 수 있게 되다니 대단하다"라고 어떤 변화를 알아차려 주면 더욱 의욕적이 되는 경우가 많다.

시간과 노력이 필요한 일이긴 하지만, 덕분에 아이들과의 관계가 좋아지고 수업과 학급 운영이 원활해진다. 나는 매일같이 서른 명 아이들에게 칭찬하는 말을 쓴다. 부모의 경우, 자녀가 셋이라도 하루 5분이면 끝나는 일이다. 스마트폰을 만질 시간을 조금만 아낀다면 못 낼 것도 없는 시간이다. 아이에게 손수 칭찬의 말을 쓸 시간을 만들어보자. 긴 안목으로 보면 아이 키우기가 꼭 어렵고 힘든 것만은 아니다.


## '집중력'도 '의욕'도 처음부터
## 존재하는 건 아니다
—

지금까지 여러 차례 '집중력'이나 '의욕'이라는 말을 써왔다. 하지만 사실 둘 다 인간이 처음부터 가지고 있는 능력은 아니다. '집중집중!' '의욕을 가지자!'라고 생각한다고 해서 스위치를 켠 로봇처럼 집중할 수 있고 의욕이 넘칠 만큼 우리 인간은 단순하지도 않고 재주가 특별하지도 않다. 집중력이나 의욕을 단숨에 불어넣어줄 마법의 스위치 같은 것은 아쉽게도 존재하지 않는다.

그렇다면 집중력이란 어떻게 해야 생겨나는 것일까? 그것은 뭔가를 하고 있는 과정에서 자연적으로 생겨난다. 처음에는 귀찮다고 생각해도 설거지를 하거나 대량의 무를 채썰기 하거나 하는 와중에, 나도 모르게 거기에 몰입해버린 경험은 없는가? 이것은 완전히 집중해서 푹 빠져 있는 상태로, 심리학 용어로 '플로(flow)'라고 부른다. 유능한 선수일수록 이 '플로' 상태에

빠지기 쉽다. 몸을 움직이는 동안 스위치가 서서히 켜지다가 중요한 순간에 최고속 상태로 이동해가는 이미지다.

그러므로 아이가 숙제를 앞에 두고 미적미적 늦장을 피우더라도 "집중해서 안 할 거야!"라고 무턱대고 화를 내는 것은 효과적이지 않다. 숙제를 하는 동안 어느새 집중하게 되기 때문이다.

뇌과학에 따르면, 뇌는 원래 계속적으로 집중할 수 있게 만들어지지 않았다고 한다. 예컨대 야생의 환경에서 어떤 한 가지에 장시간 몰두해 있으면, 천적이 그 틈을 노리고 공격해올 위험이 있기 때문이다. 그것을 무시하고 계속 집중하면 뇌의 특정 부위에 피로가 쌓여, 뇌 전체의 피로로 확산될 우려가 있다. 그것을 예방하는 것이 '싫증'이라는 감정이다. 아이가 하던 숙제에 싫증을 내면 다른 숙제로 관심을 돌려보는 것도 좋은 방법이다.

집중력과 마찬가지로 의욕 또한 애초부터 갖추고 있는 것이 아니다. 어떤 일을 하는 동안 스멀스멀 피어오르는 것이 의욕이다. 그러므로 "의욕을 가지고 열심히 해!"라는 말은 어폐가 있다. 아이가 "하기 싫어!"라거나 "하고 싶어지면 열심히 할게"라고 말한다면, 초등학교 저학년까지는 옆에 앉아서 함께해주도록 하자. 잠시 후면 워밍업을 끝낸 아이의 눈에 투지가 넘치고 의욕도 샘솟게 될 것이고 어느 순간이 지나면 '플로' 상태에 이르게 된다.

초등학교 고학년이 되면 어느 정도 스스로 시간 조절을 할 수 있게 되므로, "저녁 먹고 7시가 되면 시작하자!"라고 시간 약속을 정하는 것도 한 방법이다. 이때 중요한 것은 끝을 '~시까지'라는 시간이 아니라 '~페이지까지'라는 분량을 정하게 하는 것이다. '시작은 시간으로, 끝은 분량으로' 정하는 게 핵심이다.

'8시까지 하자'라는 식으로 시간으로 구분하면, 어쨌든 그 시간까지 책상에 앉아있으면 된다는 소극적인 자세로 임하게 되고, 그러면 자연히 공부 내용의 충실도는 떨어지게 된다. 대신 분량으로 구분하면, 늑장을 부리고 딴전을 피우다가는 시간만 길어질 뿐이다. 빨리 끝낼수록 자신의 자유시간이 늘어나기 때문에, 아이는 적극적인 자세로 밀도 높은 공부를 할 수 있다. 물론 학습능력이 향상하는 것은 말할 것도 없다.

공부에서 중요한 것은 얼마나 많은 시간을 들였는가가 아니라 어느 정도 높은 밀도로 공부했느냐다. 3장에서 영어를 습득하는 데 4,000시간이 필요하다고 했는데, 마냥 책만 펴놓고 영어공부를 하는 척만 해서는 4,000시간 아니라 1만 시간이 지나도 영어는 향상되지 않는다. 내용이 알찬 밀도 높은 4,000시간일 때 비로소 습득할 수 있게 된다.

## 게임 자체는 나쁘지 않다
## 요주의는 자세

—

"우리 애는 게임만 하고 공부는 전혀 안 해요. 선생님이 뭐라고 좀 해주세요."

이렇게 한탄하는 부모가 있다. 게임만 하고 다른 공부는 전혀 안 하는 것은 분명 문제다. 그렇다고 게임을 절대 금지해야 한다고는 단정할 수 없다. 옛날 같으면 '게임=놀이' '게임=공부의 장애물'로 간주하였지만, ICT 시대에는 그런 낡은 가치관은 버릴 필요가 있다.

세계 게임산업의 시장규모는 1천 783억 6천 800만 달러에 달하고, 수많은 첨단기업이 여전히 투자를 계속하고 있다. 2021년에는 세계 게임산업의 규모가 1천 900억 달러 규모에 달할 것이라는 예측도 있다. 스마트폰이나 휴대용 게임기 등의 온라인플랫폼 시장의 지속적인 호조로, AI 시대가 되더라도 게임산업이 급격히 쇠퇴하여 사라지는 일은 생각할 수 없다.

미래에 아이가 우수한 게임개발자가 된다면 세계 어디에서든 활약할 수 있다. 또 프로게이머로 대성공을 거둔다면 e스포츠에 출전하여 인기스타가 될 수도 있다. e스포츠란, 게임을 통해 대전하는 경기를 총칭하는 말이다. 2017년에는 국제올림픽

위원회(IOC)가 e스포츠를 정식 스포츠로 인정한다고 선언했고 2019년도 아시아대회에서는 시범경기로 선정되었으며, 2024년도로 예정되었던 파리올림픽에서는 정식종목 선정 여부가 협의 중에 있다. e스포츠 프로 중에는 연 2천 5백만 달러 이상을 벌어들이는 거물급 게이머도 있다.

다만 아무 게임이나 다 좋다는 얘기는 아니다. 단순히 시간 죽이기 위해 만들어진 게임이 아니라, 아이들의 사고력을 사용할 수 있는 게임을 골라줄 필요가 있다. 내가 수업에 사용하고 있는 '마인크래프트'가 그중 하나다.

단순히 시간 죽이기용 게임에 아이가 몰입해 있다면, 그것은 더 재미있는 콘텐츠를 제공하지 못하는 교사와 부모에게도 책임이 있다. 게임을 끊게 하겠다는 발상이 아니라, 아이와 함께하는 요리나 커뮤니케이션, 서점이나 도서관 방문, 미술관이나 박물관 순회 등 아이가 게임보다 재미있다고 생각할 수 있는 행동과 체험을 하도록 하자.

게임 때문에 걱정이 되는 것은 잘못된 자세와 시력 저하다. 허리를 곧게 펴고 바른 자세로 게임을 하는 아이는 일단 없다고 보는 게 맞을 것이다. '게임을 하는 시간=새우등처럼 허리가 휘고, 축 늘어진 나쁜 자세로 보내는 시간'이다. 특히 성장기의 어린이에게는 나쁜 자세가 골격에 악영향을 미칠 우려가 있다.

자세와 학력은 밀접한 관계가 있다. 바른 자세의 아이가 학력도 더 높다는 연구결과도 있다. 게임으로 나쁜 자세가 굳어져 버린다면 학력도 저하할 위험이 있다는 것이다. 옛날 서당에서 정좌하고 앉아 공부했던 것이 의외로 옳았을지 모른다.

게임을 장시간 계속함으로써 생기는 안구 피로나 시력 저하도 걱정이다. 2018년 일본 문부과학성의 조사에 따르면 맨눈 시력 1.0 미만인 아이의 비율이 유치원에서 26.68%, 초등학교에서 34.10%, 중학교에서 56.04%, 고등학교에서 67.23%에 달한다고 한다. 초등학교와 고등학교는 이미 최고치다. 원인이야 여러 가지가 있겠지만, 시력 저하의 주된 원인 중 하나로 스마트폰과 게임의 보급을 빼놓을 순 없을 것이다.

게임 중일 때는 아이의 자세에 주목하여 가능한 한 바른 자세를 유지하도록 주의를 주자. 바른 자세라도 2~3시간을 계속하는 것은 안 된다. 1회 45분으로 정해두고 눈에 휴식을 주는 습관을 들이도록 하자. 일정 시간을 정하고 그것을 지키도록 하면, 게임을 하는 데 있어서도 시간관리 능력과 자기통제력이 향상된다.

## 미래에 대한 질문이
## 아이를 바꾼다

—

어떤 아이라도 진심은 공부를 잘하고 싶어 하고 시험 봐서 점수도 잘 맞고 싶어 하고 부모한테 칭찬 받고 싶어 한다. 잘하고 싶지 않은 아이는 아마 세상에 없을 것이다. 그러니 부디 아이의 표면적인 태도나 말에 분노하고 혼란스러워 말자.

"시험, 어땠어?"라는 질문에 "몰라요. 어차피 노력해봤자 좋게 나올 리도 없는 걸, 뭐"라고 퉁명스러운 대답만 돌아온다. 이때 '몰라요'라는 말은 점수가 신경 쓰여서 자기도 어떻게든 해보고 싶다는 심리의 반어적인 표현일지 모른다. 그런 아이의 마음도 모르고, 아이에게 잔뜩 기대를 걸고 있는 부모는 "뭐가 문제였다고 생각하니?"라고 과거를 돌아보고 스스로 반성하라는 투의 말을 던지기 쉽다.

하지만 과거는 바꿀 수 없다. 그럼 어떻게 할까? 과거가 아니라 미래에 대한 물음으로 바꾸면 된다. 미래라면 얼마든지 바꿀 수 있기 때문이다. "다음 시험 때는 어떻게 공부할 생각이야?"라고 물어보자. 좀 더 나아지길 원하는 아이는 '게임시간을 줄이고 하루에 두 시간은 공부하자' '통학하는 동안에 영어단어를 외우겠다' '방과 후에는 그날 수업에서 몰랐던 것을 선생님께 물어봐야지' 등의 행동 목표를 제시할 것이다.

그때 부모는 아이에게 그중에서 가능성이 높은 목표를 하나만 선택하도록 하는 것이 중요하다. "뭘 할 건데? 그것뿐이야? 다른 건? ○○는 이것도 하고 저것도 하더라." 이처럼 아이를 몰아세우는 것은 금물이다. 누구와 비교되는 것은 무엇보다 싫고 '노력'의 기준이 너무 높다. 정한 행동 목표를 하나라도 잘 실행할 수 있다면 그것으로 충분하다.

모든 부모가 '내 아이가 자기긍정감이 높은 사람으로 자랐으면' 하고 바랄 것이다. 그러면서 '노력'의 기준을 높이는 것은 아이를 주눅 들게 할 뿐이다. 가기긍정감은 절대평가가 아니라 상대평가다. 기준을 낮추면 자기긍정감은 올라가고, 기준을 높이면 자기긍정감은 떨어진다. 아이를 바꾸고 싶다면 어른이 먼저 바뀌어야 한다. '노력'의 기준을 낮추자.

아이가 선택한 행동 목표는 부모가 노트에 기록해주자. 증거로 남기겠다는 뜻이 아니라 우리의 약속을 지키게 하기 위해서다. "지난번 시험 끝나고 통학버스 안에서 영어단어 외우기로 약속했던 거 기억하지? 어떻게 잘돼가고 있어?"라고 물어보자. 상식이나 규칙을 제시하기보다 아빠엄마와 한 약속을 지키자는 다짐의 말이 아이의 마음을 움직인다.

## 아이에게 장래의 꿈을
## 물어선 안 된다

—

요즘 같은 시대에도 "나중에 뭐가 되고 싶어?"라는 질문은 학교에서나 집에서나 빼놓지 않고 아이에게 하는 질문이다. 그러나 지금은 더 이상 단순한 꿈을 말하는 시대가 아니다.

"What do you want to be in the future?"

장래에 뭐가 되고 싶냐고 영어로 물으면 다양한 대답이 돌아온다.

"I want to be a pilot."

"I want to be an English teacher."

하지만 앞으로 비행기 조종사나 영어교사라는 직업이 없어질 가능성은 얼마든지 있다. AI와 연계된 애플리케이션이 진화하면 영어교사의 수요는 크게 줄어들지 모른다. 변화무쌍하고 꿈이 꿈으로 끝나버릴 수 있는 시대이기에 우리는 꿈을 말하는 무대를 한 단계 더 높여야 한다.

나는 아이들에게 "What do you want to be in the future?"라고 물은 다음에는 반드시 그 이유를 말하게 한다. 직업은 꿈의 통과점이라는 발상을 아이들에게 갖도록 하기 위해서다.

"I want to be a pilot, because I like airplanes very much."

'아, 비행기를 좋아하는구나! 그럼 조종사라는 직업이 없어지더라도 비행기를 정비하거나 새로운 비행기를 설계 혹은 개발하는 직업을 갖는다는 새로운 꿈도 가질 수 있겠구나!'라고 안심한다.

직업과 장래희망과 관련하여 부모님들께 "자녀분이 앞으로 유튜버가 되고 싶다고 하면 어떻게 하시겠습니까?"라는 질문을 자주 한다. 2019년 보험회사 소니생명이 공표한 조사를 보면, 전국의 남자 중학생 100명이 답한 갖고 싶은 장래직업의 랭킹 1위는 유튜버, 2위가 e스포츠 플레이어였다. 유튜버는 제대로 된 직업이 아니라는 것이 어른들의 오래된 상식이지만, 아이들에게는 축구선수와 마찬가지로 동경의 대상이다.

그런데도 막상 자신의 아이가 유튜버가 되겠다고 하면, 어떻게 해서든 말리려고 애쓸 부모들이 압도적으로 많을 것이다. 그럴 때는 무조건 안 된다고 부정만 하지 말고 반드시 그 이유를 물어보기 바란다.

"I want to be a YouTuber. Because I want to make people smile."

남들을 웃게 하고 싶어서 유튜버가 되겠다고 대답하면, "유튜버 외에도 다른 사람을 웃게 할 수 있는 직업은 얼마든지 있단다"라고 설득할 수도 있다. 유튜버라는 직업은 경쟁이 심하고 안정성에도 굴곡이 심하다. 확실히 지금이야 대인기를 누리고 있지만, 그 인기가 앞으로 계속되리라는 보장도 없다. 어떤 이유에서든 아이가 유튜버가 될 수 없다는 것을 깨닫게 된 순간, 아이는 큰 좌절감을 맛보게 될 것이다.

하지만 직업이라는 기준에서가 아니라 왜 그것을 하고 싶은지 그 이유를 기준으로 하면 좌절하지 않아도 된다. 다른 사람을 웃게 해주고 싶어서라면, 유튜버를 포기해도 그 이유를 충족시킬 수 있는 다른 일이 많다. 개그맨은 말할 것도 없고, 환자를 치료해주는 의사나 간호사, 맛있는 요리로 사람들을 행복하게 하는 요리사 같은 직업 역시 사람을 웃게 하는 직업이다. 하고 싶은 일과 이유를 토대로 그 선택지를 넓혀가면, 자신에게 맞는 직업도 보다 더 쉽게 찾을 수 있을 것이다.


## 부모도 배우며
## '꼴찌 체험'을 해본다

—

일본은 예체능 학원에 다니는 아이의 비율이 세계적인 수준인 반면 예체능을 배우는 어른의 비율은 세계 최하위 수준이라고 한다. 아이에게는 시키면서 어른은 안 한다는 말은 자신은 하지 않고 하지도 못하는 것을 아이에게 강요하고 있는 것밖에 안 된다.

아이가 영어를 열심히 하지 않는다고 불평하는 부모에게 나는 "그럼 부모도 같이 영어공부를 해보시면 좋지 않을까요?"라고 충고한다. 영어를 말할 수 있었으면 하는 바람, 발레를 하고 싶었다는 이루지 못한 꿈 등 부모도 어릴 적에 해보고 싶었던 것이 한두 가지는 틀림없이 있을 것이다. 그런 자신의 못다 이룬 꿈을 아이에게 떠넘기기 전에 스스로 그 배움에 도전해보면 어떨까.

그런데 간혹 "아이쿠, 지금 내 나이가…"라며 나이를 무기로 발뺌하려는 부모가 있다. 그럼 나는 안 물어볼 수가 없다. "대체 몇 살이 되면 배움을 포기해야 할까요?" 열아홉 살까지는 도전할 수 있었는데 스무 살 생일을 맞이한 순간부터 배움의 적령기를 졸업해야 한다는, 말도 안 되는 법칙이 세상에 어디 있단 말인가. 배움을 시작하는 데 나이의 벽이란 있을 수 없다. 몇 살이 돼서 시작하든 늦지 않다.

내가 부모들에게 뭔가 새로운 것을 배워보라고 추천하는 이유는, 어른도 '꼴찌 체험'을 해보길 바라기 때문이다. 나 역시 사회인 농구팀의 회원이다. 농구는 학창시절에도 했기 때문에 초보자는 아니지만, 그 팀은 대학을 갓 졸업한 팔팔한 청춘세대의 젊은 선수들을 중심으로 결성되었다. 서른 살을 훌쩍 넘어 체력도 기술도 쇠퇴한 나는 선두주자로 뛸 수도 없을뿐더러 가령 시합에 나가더라도 팀의 방해만 될 뿐이다. 물론 멤버들은 친절하게 대해주긴 하지만, 내 존재가 거치적거린다고 여겨질지도 모른다.

사회인 구성의 농구팀은 그 외에도 많아서 마음만 먹으면 삼십 대 아저씨인 나에게 딱 맞을 만한 팀을 찾을 수도 있다. 하지만 나는 오히려 내가 꼴찌가 될 게 빤한 높은 레벨의 팀을 선택했다. 당연히 그 팀에서 내가 제일 못한다. 한 마디로 꼴찌다.

영어라면 제법 잘하고, 아이들은 '선생님 대단해요!'라고 제법 인정도 해준다. 그런데 농구라는 전혀 다른 분야에서 꼴찌가 되는 체험을 하면, 그때까지 보이지 않았던 주변 모습들이 보이기 시작한다. 영어 수업이 끝난 교실의 한 귀퉁이에서 "역시 난 영어를 못해"라며 의기소침해서 울먹이는 아이는 틀림없이 이런 쓰라린 기분이었겠구나. 그제야 알게 된다.

그런 기죽은 아이의 마음은 알지도 못하면서 "열심히 하면 너도 할 수 있어!"라는 무책임한 발언만 하면, 아이는 "그거야 잘하는 아이에게나 통하는 말이죠" "제발 날 내버려둬요"라며 오히려 마음의 문을 닫아버린다.

반면, 내가 농구에서 아무리 꼴찌여도 주전선수가 되기 위해

포기하지 않고 연습하는 모습을 아이에게 보여줄 수 있다면 아이의 마음은 변할 수 있다. "선생님도 말이야, 어제 농구에서 완전히 깨졌거든. 그래서 더 열심히 연습하려고!" 못했으니까 앞으로 더 열심히 하려는 내 모습을 보고, 아이는 '나도 조금 더 노력해봐야지!'라고 다짐할지 모른다.

내 아이가 공부를 안 한다고 한탄하기 전에, 부모가 먼저 뭔가 새로운 도전을 해보기 바란다. 그것이 서툴고 낯선 것일수록 좋다. 제일 간단한 것이 마라톤이다. 최근 마라톤을 개최하는 도시행사가 많다. 나는 달리기에 정말 서툴 것처럼 보이는 부모에게 짐짓 "마라톤에 나가보지 않으실래요?"라고 묻는다. "42.195킬로미터, 달려보시죠?"라고 말이다. 평소에 운동이라곤 숨쉬기와 걷기만 할 것 같은 그분은 "달리기라면 100미터도 힘들어서 못 하는데, 마라톤이라니 말도 안 돼요. 설령 나간다 해도 몇 발짝 달리다 말걸요"라며 거절의 뜻을 진지하게 밝혀온다. "공부가 서툰 아이가 공부하기 싫다고 하면, 무턱대고 '공부해라, 다들 저렇게 열심히 하지 않느냐?'고 혼내지 않으십니까?"라고 반문하면 당황해한다. 아이의 마음을 이해하지 못했다는 걸 그제야 깨닫는 것이다.

꼴찌가 되는 공부를 선뜻 시작하는 사람은 거의 없다. 바쁜 어른에게는 시간적으로 제약이 뒤따를 수밖에 없으니 쉬운 일이 아니다. 하지만 나는 '꼴찌가 되는 체험이 중요하다'는 것을 깨닫기만 해도 충분하다고 본다. 꼴찌의 기분을 이해하려고 애 쓰는 것만으로, 아이에게 던지는 눈빛 한 번, 말 한마디가 바뀌 고, 부모와 아이의 관계에도 역시 긍정적인 영향을 미치게 되 리라 믿기 때문이다.

## '부모가 하고 싶은 말'이 아니라 '아이가 듣고 싶은 말'을
—

내가 좋아하는 작가 기타가와 야스시 씨의 글을 소개한다. 귀 가 좀 따가울지도 모른다.

당신이 집안일을 하는 방법은 틀렸어.
지금 하는 대로 하면 안 된다는 걸 당신도 잘 알고 있잖아?
옆집 아주머니 봐! 직장 일도 당신보다 훨씬 잘하고,
모든 면에서 딱 부러지게 잘하잖아.
옆집 아주머니가 할 수 있다는 건, 당신도 할 수 있다는 거야.
앞으로는 당신도 변할 거라 믿을 테니 잘 좀 해!

남편에게 이런 말을 듣는다면, 아내는 폭발하고 말 것이다. "그 입 다물어!" "너나 잘해!"라고 외치고 싶을 정도다. 그럼 이 번에는 '집안일 → 공부', '옆집 아주머니 → 옆집 친구', '일 → 공부'로 바꿔보자.

네가 공부하는 방법은 틀렸어.
지금 하는 대로 하면 안 된다는 걸 너도 잘 알고 있잖아?
옆집의 네 친구를 봐! 공부도 너보다 훨씬 잘하고,
모든 면에서 딱 부러지게 잘하잖아.
네 친구가 할 수 있다는 건, 너도 할 수 있다는 거야.
앞으로는 너도 변할 거라 믿을 테니 잘 좀 해!

가슴에 손을 얹고 솔직하게 자신을 돌아보기 바란다. 이런 식 으로 아이에게 이야기한 적이 없는지 말이다. 만일 그렇다면 아이가 "그 입 다물어!"라며 부모의 이야기를 듣지 않게 되더 라도 어쩔 수 없는 일이다.

'부모가 하고 싶은 이야기'를 일방적으로 할 게 아니라 '아이 가 듣고 싶은 이야기'를 생각해서 말하자. 아이가 무엇을 고민 하는지, 어떤 불안감을 안고 있는지. 그것을 물어보고 함께 고 민하는 것이 가장 가까이에 있는 어른인 부모가 할 일이다.

그것마저 어렵다는 사람도 지금 당장 시작할 수 있는 것이 있다. 아이 곁에서 언제나 싱글벙글 웃는 것이다. 증거가 있는 것은 아니지만, 나의 십 수 년의 교사생활을 걸고 '어른이 웃는 것 이상의 교육은 없다'고 단언할 수 있다. 내가 진지한 얼굴 혹은 무표정한 얼굴로 교실에 들어가면, 누구 한 사람 나에게 다가오지 않는다. 하지만 내가 싱글벙글 웃으면서 들어가면 아이들이 일제히 우르르 몰려와 "선생님, 있잖아요~"라고 서로 먼저 말하려고 앞을 다툰다. 웃는 얼굴이 아니면 전하고 싶은 마음도 전달되지 않는 법이다.

"우리 애는 게임만 하느라고, 제 엄마가 웃는지 우는지 관심도 없어요"라고 말하는 부모도 있을지 모른다. 그런 아이라도 항상 부모를 바라보고 있다. 시험 삼아 2~3일 같은 옷을 입고 있어 보라. 틀림없이 "왜 똑같은 옷만 입고 있어요?"라고 퉁명스레 물어올 것이다. 아이는 언제나 부모를 지켜보고 있다. 부모가 늘 기분 좋고 행복하길 바라면서 말이다.

가정에서는 부모 모두 웃는 얼굴이길 바란다. "내가 누굴 위해 이 고생을 하는 줄 아니? 다 널 위해서야!"라는 압박은 아무 효과도 없다. ICT나 영어교육의 환경을 갖추기 이전에 어른도 아이도 자연히 웃을 수 있는 환경을 만드는 것이 중요하다.

에필로그

# AI 시대, 자녀교육에서 가장 중요한 것

나는 이 책을 부디 두 번쯤은 읽어주었으면 한다. 이번이 첫 번째인 독자라면 여기에서 더 나가지 말고, 다시 첫 장으로 돌아가 한 번 더 읽기 바란다. 이번이 두 번째인 독자라면 정답을 맞춰보는 기분으로 다음으로 넘어가기 바란다.

이 책에서 가장 강조하고 싶었던 것은 사실 'AI 시대의 자녀교육'이나 '향후 영어교육의 방향'이 아니다. 그것은 한 단면에 불과하다. 내가 가장 힘주어 전하고 싶었던 것은 '어른이 변하면 아이도 변한다'는 사실이다.

이 책을 통해 '기준을 낮추자'고 일관되게 주장했다. 이것은 '영어를 잘한다'는 기준뿐만 아니라 '도전'이라는 것 자체의 기

준을 낮추자는 메시지이기도 하다. 다시 말해 '변화'의 기준을
낮추기를 바란다.

　아이를 강제로 바꾸려고 해도 좀처럼 뜻대로 안 된다. 그보다
는 어른인 우리가 '지금'을 즐길 수 있는가? 웃는 얼굴로 살아
가고 있는가? 행복이란 무엇인가를 이야기할 수 있는가? 그런
것들이 훨씬 더 중요하다고 생각한다.

　대부분의 어른들은 이런 것들에 많이 서툰 것 같다. 그 때문
에 '변화'가 필요하다. 작은 용기와 작은 도전으로 사람은 변할
수 있다. 그리고 그런 우리의 모습을 보고 아이들은 변하기 시
작한다고 나는 믿는다.

어른이 만든 '분위기'가 아이가 자라는 '환경'이 된다. 반드시 좋은 분위기를 만들어 아이에게 최고의 환경을 마련해주기 바란다. 누구나 할 수 있는 노력임에도 많은 사람이 실천하지 않는 노력이다. 작은 한 걸음부터 노력하자. 나 또한 노력할 것이다.

마지막으로 한 말씀 더, 부디 '자녀교육의 기준'도 낮추면 좋겠다. 이 책을 읽고 있는 당신은 이미 훌륭한 부모이기 때문이다.